Lothar J. Seiwert

Das 1x1 des Zeitmanagement

Lothar J. Seiwert

Das 1x1 des Zeitmanagement

18. Auflage

mit Illustrationen von
Werner „Tiki" Küstenmacher

Die Deutsche Bibliothek – CIP-Einheitsaufnahme

Seiwert, Lothar J.:
Das 1 x 1 des Zeitmanagement / Lothar J. Seiwert. – 18. Aufl. –
Landsberg am Lech: mvg-verl.,1998
  (Business-Training; 81125)
  ISBN 3-478-81125-2
NE: Seiwert, Lothar J.: Das Einmaleins des Zeitmanagement;
GT

Das Papier dieses Taschenbuchs wird möglichst umweltscho-
nend hergestellt und enthält keine optischen Aufheller.

18. Auflage 1998
Die Ausgabe des GABAL-Verlags ist selbstverständlich auch
weiterhin im Handel erhältlich.

Titel der im GABAL-Verlag erschienenen Originalausgabe:
„Das 1 x 1 des Zeitmanagement"
© 1995 by GABAL-Verlag, Offenbach

Veröffentlicht mit freundlicher Genehmigung des GABAL-Verlags, Offenbach, in der Reihe „Business-Training" des mvg-ver-
lags, im verlag moderne industrie AG, Landsberg am Lech.

http://www.seiwert.de (Diskussionsforum mit dem Autor)

Umschlaggestaltung und Layout: Gruber & König, Augsburg
Illustrationen: Werner „Tiki" Küstenmacher, Gröbenzell
Druck- und Bindearbeiten: Presse-Druck Augsburg
Printed in Germany 081125/8981502
ISBN 3-478-81125-2

Inhalt

Geleitwort

Zeitmanagement ist das Kernstück jeglicher Arbeitsmethodik sowie eines erfolgreichen Selbstmanagements.

Falls Sie *Lothar J. Seiwert* noch nicht kennen: Er ist der Erfolgsautor Nr. 1 im Bereich Zeitmanagement. Was er schreibt, ist unkompliziert, zur Sache und praktisch umsetzbar.

Das Ganze ist so aufbereitet, daß Sie an jeder beliebigen Stelle innerhalb dieses Buches einsteigen können. Verstehen Sie das Buch wie einen Steinbruch: Brechen Sie das heraus, was für Sie jetzt dran ist.

Lothar J. Seiwert weist immer wieder darauf hin, daß erst mit einem Zeitplanbuch seine Empfehlungen optimal umgesetzt werden können. Bei *tempus* finden Sie eine breite Auswahl an Formaten und Kalendarien. Das vorliegende Buch hat sich zu einem internationalen „Fachbuch-Bestseller" entwickelt, der in über 700.000 Exemplaren in zwanzig Sprachen erschienen ist.

Ihnen, unseren Leserinnen und Lesern, wünsche ich viel Vergnügen bei der Lektüre und vor allem bei der Umsetzung der gemachten Empfehlungen.

Giengen, im Juni 1998

Dr. Jörg Knoblauch

PS: Beginnen Sie mit der Umsetzung sofort.
„Heute ist der erste Tag vom Rest Ihres Lebens!"

Vorwort

Zeitdehnungsfaktor Nr. 1: ein sinn- und gehalt-volles Leben

Wer stets an die Erreichung seines Zieles denkt,
wird sein Ziel auch erreichen.
Wer stets an viel Arbeit denkt,
wird auch stets viel Arbeit haben.

Mit der Zeit ist es ebenso wie mit Geld – wir wollen möglichst viel davon haben, und wir können eigentlich gar nicht genug davon bekommen, und doch kommt es nur darauf an, was wir damit machen; denn nur Zeit oder Geld zu **haben**, ist sinnlos. Die Zeit verrinnt von selbst, und Geld ist ebenfalls nutzlos, solange wir beides nicht sinnvoll einsetzen.

In vielen Interviews, die ich mit erfolgreichen Persönlichkeiten führte, fand ich heraus, daß Geld und Zeit zu haben zwar die Voraussetzungen sind, der sinn- und gehaltvolle Einsatz derselben jedoch darüber entscheidet, ob wir ein erfolgreiches und erfülltes Leben führen.

Mit dem Kauf dieses Buches haben Sie jetzt den ersten Schritt unternommen, Ihre Zeit zu managen, und damit gleichzeitig begonnen, Ihren bisherigen Lebensstil zu überdenken. Und Sie haben sich nicht nur für ein ausgezeichnetes Buch entschlossen, sondern sich auch den richtigen Autor ausgesucht, der mit Kompetenz über dieses Thema schreibt. Denn *Prof. Dr. Lothar J. Seiwert* ist ein Pionier und „Papst" in Sachen Zeitmanagement.

Wenn Sie sich also jetzt damit beschäftigen, wie Sie Ihre Zeit effizienter nutzen können, dann lesen Sie jede Seite unter dem Gesichtspunkt „Ist das, was ich vorhabe, sinn- und gehaltvoll für mich?" – und Sie werden Ihr bewußteres Leben um viele Stunden, Tage, Wochen und Monate verlängern!

Nutzen Sie den Schlüssel, den *Prof. Seiwert* Ihnen mit diesem Buch in die Hand gibt, denn es gibt noch viel zu tun und zu erleben auf diesem Planeten. Sie selbst können entscheiden, wie wichtig die Rolle ist, die Sie für die Menschheit übernehmen.

Ich würde mich freuen, schon bald auf Sie und Ihre Aufgabe aufmerksam gemacht zu werden,

herzlichst

Alfred R. Stielau-Pallas
„Die Spielregeln des Erfolgs"
Pauanui Beach, Neuseeland 1998

Nutzen Sie die Zeit

„Wenige haben genug Zeit, und doch hat jeder fast alle Zeit, die es gibt."

(Paradoxon der Zeit)

Zeit ist:
– Geld
– Leben
– Kapital

Zeit ist das wertvollste Gut, das wir besitzen. Es ist das meist benutzte Hauptwort der deutschen Sprache. Zeit ist mehr wert als **Geld**. Unser Zeit-Kapital muß sorgfältig angelegt werden. Wir können unser Leben als die Zeit beschreiben, die uns hier auf Erden zugeteilt ist. Unsere wichtigste Aufgabe im **Leben** ist es, so viel wie möglich aus dieser Zeit zu machen.

Zeit ist ein wertvolles **Kapital:**

- Zeit ist ein absolut knappes Gut.
- Zeit ist nicht käuflich.
- Zeit kann nicht gespart oder gelagert werden.
- Zeit kann nicht vermehrt werden.
- Zeit verrinnt kontinuierlich und unwiderruflich.
- **Zeit ist Leben.**

Die Zeit verrinnt kontinuierlich und unwiderruflich

Selbstbesinnung

- Wieviel ist Ihnen eine Stunde **Zeit** Ihres Lebens wert?

- Gehen Sie mit Ihrer Zeit ebenso sorgfältig um wie mit Ihrem **Geld?**

Zeit-Kapital ist knapp

Unser begrenztes **Zeit-Kapital** ist nur schätzbar: Auch bei einer höheren Lebenserwartung verfügt man **maximal** über **200 000 Stunden** noch verplanbarer Zeit. Heute beginnt der erste Tag vom Rest Ihres Lebens.

Nutzen Sie Ihre Zeit!

Der Nutzungsgrad des menschlichen Leistungspotentials in der Wirtschaft wird auf nur 30% bis 40% geschätzt. Die meiste Energie und Zeit verpufft, weil klare Ziele, Planung, Prioritäten und Übersicht fehlen.

Welcher der folgenden Aussagen stimmen Sie zu?

Einschätzung: Zeitkultur	Stimmt	Stimmt nicht
• Viele erfolgs- und karriereorientierte Berufstätige klagen über **Zeitnot** und **Arbeitsüberlastung** (Überstunden-Syndrom).	○	○
• Viele fühlen sich **gestreßt**. Oft müssen viele Dinge gleichzeitig erledigt werden. Die hohe Verantwortung, die enorme Arbeitsmenge, häufig kurzfristige Termine, die Vielfalt der Aufgaben und andere Leistungsanforderungen setzen einen unter Zeitdruck und Streß.	○	○
• Viele arbeiten nicht, sondern **werden „gearbeitet"**. Ein großes Problem ist oft, daß man nur noch reagieren kann, statt zu agieren. Rund um die Uhr nehmen einen Kunden, Chef, Mitarbeiter, Telefonanrufe und vielfältige Arbeiten dauernd in Anspruch mit dem Ergebnis, daß nur noch „rotiert" wird.	○	○
• Viele Manager verrichten ihre eigentlichen Aufgaben erst nach Dienstschluß. Sie finden tagsüber dafür keine Zeit, weil es zu viele **Störmomente** gibt, sie durch das Tagesgeschehen, z.B. langwierige Besprechungen, bestimmt und durch Nebensächlichkeiten häufig abgelenkt werden.	○	○
• Viele leiden, wie Untersuchungen zeigen, unter dem **Arbeit-Freizeit-Konflikt** als dem Problem Nr. 1. Die Zeit, die für Beruf und Überstunden draufgeht, kann nicht mit der Familie verbracht werden und wird hier – mit Recht – zu einem Ärgernis.	○	○

Zeit-Nutzung durch Zeit-Management

Eine bessere oder gar optimale **Nutzung** Ihrer wertvollen und knappen Zeit erreichen Sie nur durch ein bewußtes, kontinuierliches und konsequentes Zeitmanagement:

Zeit-Nutzung

Zeitmanagement bedeutet, die eigene Zeit und Arbeit zu beherrschen, anstatt sich von ihnen beherrschen zu lassen.

Zeit-Management

Beherrschen Sie Ihre eigene Zeit!

13

Der Einstieg

Einstieg

Alle wirklich **Erfolgreichen** haben eines gemeinsam: Irgendwann in ihrem Leben haben sie sich einmal hingesetzt und über Verwendung und Nutzen ihres persönlichen **Zeitkapitals** gründlich **nachgedacht.**

Zielsetzung

Ziele

Wenn das Leben als Ganzes erfolgreich sein soll, muß ein durchdachtes Zeit- bzw. **Lebens-Konzept** dahinterstehen: Die Zeit, die uns zur Verfügung steht, muß für die Erreichung beruflicher und persönlicher **Ziele** bewußt eingesetzt werden. Nur so kann ein direkter Zusammenhang zwischen der Bewältigung der täglichen Aufgaben und Aktivitäten einerseits und der persönlichen Zufriedenheit und dem eigenen Fortkommen andererseits hergestellt werden.

Erfolgsaussichten

Erfolg

Nicht wie der Wind weht, sondern wie Sie die Segel setzen, darauf kommt es an! Erfolgreiches **Zeitmanagement** zeigt Ihnen neue Wege, wie Sie es schaffen

Übersicht

- mehr **Übersicht** über anstehende Aktivitäten und Prioritäten zu gewinnen

Kreativität

- mehr Freiraum für **Kreativität** zu erhalten (agieren statt reagieren)

Streßabbau

- **Streß** bewußt zu bewältigen, abzubauen und zu vermeiden

- mehr **Freizeit,** d.h. mehr Zeit für Familie, Freunde und sich selbst zu gewinnen

Freizeit

- Ihre **Ziele** konsequent und systematisch zu erreichen, damit Ihr **Leben** Sinn und Richtung bekommt.

Lebensziel

Nimm dir Zeit...

Nimm dir Zeit zum Arbeiten. Das ist der Preis für den Erfolg.
Nimm dir Zeit zum Nachdenken. Das ist die Quelle der Kraft.
Nimm dir Zeit zum Spielen. Das ist das Geheimnis der Jugend.
Nimm dir Zeit zum Lesen. Das ist das Fundament des Wissens.
Nimm dir Zeit für die Andacht. Das wäscht den irdischen Staub von deinen Augen.
Nimm dir Zeit für die Freude. Das ist die Quelle des Glücks.
Nimm dir Zeit für die Liebe. Das ist das Sakrament des Lebens.
Nimm dir Zeit zum Träumen. Das zieht die Seele zu den Sternen hinauf.
Nimm Dir Zeit zum Lachen. Das hilft, die Bürden des Lebens zu tragen.
Nimm Dir Zeit zum Planen. Dann hast Du für die übrigen neun Dinge Zeit genug.

(Irländische Quelle)

Nimm dir Zeit

Aktionsplan

Was werden Sie ab heute tun, um Ihre Zeit besser zu nutzen?

Haltet den Dieb!

Fassen Sie die Zeitdiebe

„Unsere Zeit wird uns teils geraubt, teils abgeluchst, und was übrigbleibt, verliert sich unbemerkt."

(Seneca)

Wenn es nicht immer läuft, wie wir es erwarten oder planen, so oft deshalb, weil zwischendurch immer wieder **Störungen** eintreten. An manchen sind wir selber schuld. Für andere ist unsere Umgebung verantwortlich.

Störungen

Umwelt

Selbstanalyse

• Beginnen Sie mit einer **Arbeitsstudie über sich selbst!**

Selbstanalyse

Wer oder was stiehlt uns die Zeit? Welche **Zeitdiebe** kennen wir?

Zeitdiebe

Die nachfolgenden Fragen sollen Ihnen helfen, Ihre persönliche Arbeitssituation zu überprüfen und die **Störfaktoren** zu identifizieren:

Störfaktoren

Selbsteinschätzung: Meine Zeitdiebe	Stimmt			
	fast immer	häufig	manch-mal	fast nie
(1) Das **Telefon** stört mich laufend, und die Gespräche sind meistens unnötig lang.				
(2) Durch die vielen **Besucher** von außen oder aus dem Haus komme ich oft nicht zu meiner eigentlichen Arbeit.				
(3) Die **Besprechungen** dauern häufig viel zu lange, und oft ist das Ergebnis von Sitzungen für mich unbefriedigend.				
(4) Große, d.h. zeitintensive und daher oft unangenehme Aufgaben schiebe ich meistens vor mir her, oder ich habe Schwierigkeiten, sie zu Ende zu führen, da ich nie zur Ruhe komme (**Aufschieberitis**).				
(5) Oft fehlen klare **Prioritäten,** und ich versuche, zu viele Aufgaben auf einmal zu erledigen. Ich mache zuviel Kleinkram und kann mich zuwenig auf die wichtigsten Aufgaben konzentrieren.				

Selbsteinschätzung: Meine Zeitdiebe	Stimmt			
	fast immer	häufig	manch-mal	fast nie
(6) Meine Zeitpläne und Fristen halte ich oft nur unter **Termindruck** ein, da immer etwas Unvorhergesehenes dazwischen kommt oder weil ich mir zuviel vorgenommen habe.				
(7) Ich habe zuviel **Papierkram** auf meinem Schreibtisch; Korrespondenz und Lesen brauchen zuviel Zeit. Die Übersicht und Ordnung auf meinem Schreibtisch ist nicht gerade vorbildhaft.				
(8) Die **Kommunikation** mit anderen ist häufig mangelhaft. Der verspätete Austausch von **Informationen**, Mißverständnisse oder gar Reibereien gehören bei uns zur Tagesordnung.				
(9) Die **Delegation** von Aufgaben klappt nur selten richtig, und oft muß ich Dinge erledigen, die auch andere hätten tun können.				
(10) Das **Nein-Sagen** fällt mir schwer, wenn andere etwas von mir wollen und ich eigentlich meine eigenen Arbeiten erledigen müßte.				

Selbsteinschätzung: Meine Zeitdiebe	Stimmt			
	fast immer	häufig	manch-mal	fast nie
(11) Eine klare **Zielsetzung**, sowohl beruflich wie privat, fehlt in meinem Lebenskonzept, d.h. oft vermag ich keinen Sinn in dem zu sehen, was ich so den ganzen Tag tue.				
(12) Manchmal fehlt mir die notwendige **Selbstdisziplin,** um das, was ich mir vorgenommen habe, auch durchzuführen.				
Zählen Sie die Kreuzchen spaltenweise zusammen und ermitteln Sie die **Gesamtpunktzahl**.	...	...	...	...
	x 0	x 1	x 2	x 3
	= 0	+	+	+
	=	.... Punkte		

Auflösung:

0–17 Punkte:
Sie haben keine Zeitplanung und lassen sich von anderen treiben. Sie können weder sich noch andere richtig führen. Mit **Zeitmanagement** beginnt für Sie ein neues und erfolgreiches Leben.

18–24 Punkte:
Sie versuchen, Ihre Zeit in den Griff zu bekommen, sind aber **nicht konsequent genug**, um damit auch Erfolg zu haben.

25–30 Punkte:
Ihr Zeitmanagement ist **gut** – und kann noch besser werden.

31–36 Punkte:
Gratulation (wenn Sie ehrlich – gegenüber sich selbst – geantwortet haben)! Sie sind ein **Vorbild** für jeden, der den Umgang mit der Zeit lernen will. Lassen Sie andere von Ihren Erfahrungen profitieren und geben Sie das „1 x 1 des Zeitmanagement" weiter.

Aktionsplan

Was werden Sie heute tun, um drei Ihrer Zeitdiebe zu fassen?		
Zeitdiebe	Ursachen, Gründe	Maßnahmen, Lösungsideen

Definieren Sie Ziele

„Nachdem wir das Ziel endgültig aus den Augen verloren hatten, verdoppelten wir unsere Anstrengungen."

(Mark Twain)

Ziele:

– Handlungen
– Endzustand
– Maßstab
– Führung

Erfolgreiche Unternehmensführung funktioniert nur bei klaren, eindeutigen Zielsetzungen und Kontrollen der Zielerreichung. **Ziele** sind eine Herausforderung für alle Beteiligten und lösen **Handlungen** aus: Man weiß, wohin man will und welchen Endzustand es zu erreichen gilt. Ziele sind gleichzeitig **Maßstab** zur Beurteilung von Leistungen. Führen durch Zielsetzung **(Management by Objectives)** ist eine ebenso wirksame wie kooperative Methode zeitgemäßer Unternehmens- und Mitarbeiterführung.

Ziele als Lebenskonzept

Erfolgreiche Persönlichkeiten haben ebenfalls konkrete **Zielvorstellungen**. Wenn das Leben als Ganzes erfolgreich sein soll, muß ein durchdachtes **Lebenskonzept** dahinterstehen, d.h. klare berufliche und private Ziele, die bewußt angestrebt werden. Nur so kann ein direkter Zusammenhang zwischen den vielfältigen Aktivitäten und **Aufgaben von heute** und dem **Erfolg** und der Zufriedenheit **von morgen** hergestellt werden.

Zielvorstellungen
– Aufgaben von heute
– Erfolg von morgen

Nur derjenige, welcher seine **Ziele** auch **definiert** hat, behält in der Hektik des Tagesgeschehens den **Überblick**, setzt auch unter größter Arbeitsbelastung die richtigen **Prioritäten** und versteht es, seine **Fähigkeiten** optimal einzusetzen, um schnell und sicher das Gewünschte zu erreichen. Dies gilt ebenso im Beruf wie für Freizeit und Familie.

Überblick
Prioritäten
Fähigkeiten

23

Aktivierung des Unterbewußt-seins

Aktivierung unterbe-wußter Kräfte

Wer bewußt Ziele hat und verfolgt, richtet auch seine **unbewußten Kräfte** auf sein Tun aus (Selbstmotivation und Selbstdisziplin). Ziele dienen der **Konzentration der Kräfte** auf den eigentlichen Schwerpunkt. Es kommt nicht darauf an, **was** Sie tun, sondern **wozu** Sie etwas tun. **Zielsetzung** ist unabdingbare Voraussetzung und Schlüssel für ein erfolgreiches **Zeitmanagement.**

Diskrepanz zwischen neben-sächlichen und lebenswichtigen Aktivitäten

Konzentra-tion auf das We-sentliche

Wo soll man nun aber ansetzen? Viele verbringen ihre meiste Zeit damit, sich um **viele**, relativ **nebensächliche Probleme** und Aufgaben zu kümmern, statt sich auf **wenige**, aber **lebenswichtige Aktivitäten** zu konzentrieren. Oft erbringen bereits 20% der strategisch richtig eingesetzten Zeit und Energie 80% des Ergebnisses:

- 20% der **Kunden** oder Waren bringen 80% des **Umsatzes**

- 20% der **Produktionsfehler** verursachen 80% des **Ausschusses**

- 20% der **Zeitung** enthalten 80% der **Nachrichten**

- 20% der **Besprechungszeit** bewirkt 80% der **Beschlüsse**

- 20% der **Schreibtischarbeit** ermöglicht 80% des **Arbeitserfolges**

80:20-Regel (Pareto-Prinzip)

Diese Zusammenhänge der **80:20-Regel** wurden erstmals von dem italienischen Ökonomen **Vilfredo Pareto** im 19. Jahrhundert beschrieben. Pareto fand durch statistische Untersuchungen heraus, daß 20% der Bevölkerung 80% des Volksvermögens besaßen. Der auch als **Pareto-Prinzip** bezeichnete Sachverhalt konnte dann auch in vielen anderen Lebensbereichen nachgewiesen werden.

80:20-Regel

Pareto-Prinzip

20% des Zeitaufwandes bringen bereits 80% der Ergebnisse

Nebensächlich viele Situationen oder Probleme

80% der aufgewandten Zeit

20% der Ergebnisse

80% der Ergebnisse

20% der Zeit

Lebenswichtig wenige Situationen oder Probleme

DAS PARETO-ZEITPRINZIP

Priorität für 20:80%-Erfolgsverursacher

Für die Definition von Zielen und Planung von Maßnahmen und Aktivitäten zur Zielerreichung bedeutet dies, die **20:80%-Erfolgsverursacher** in seinem beruflichen und privaten Bereich herauszufinden und mit der höchsten **Priorität** zu versehen.

Zielsetzung: Konzentration auf Pareto-Aufgaben

Aktionsplan

Was werden Sie ab heute tun, um Ihre Tagesgestaltung und -planung stärker an Ihren Zielen bzw. strategischen Erfolgsver-ursachern (im Sinne der 80 : 20-Regel) auszurichten?

Zielsetzung	• Welche Ziele wollen Sie erreichen?
	• Verschaffen Sie sich Zielklarheit und schreiben Sie alle **beruflichen und privaten Ziele** auf, die Sie in naher und ferner Zukunft erreichen wollen!

Welche beruflichen Ziele wollen Sie erreichen?	
Karriereziel	Aktionsschritte zur Zielerreichung
	•
	•
	•
	•

26

Berufsziele	Maßnahmen zur Zielerreichung
	•
	•
	•
	•
	•
	•
	•
	•
	•

Stellenziel	Hauptaufgaben meiner Stelle
	•
	•
	•
	•

Welche privaten Ziele wollen Sie erreichen?	
Lebensziel	**Aktionsschritte zur Zielerreichung**
	•
	•
	•
	•
Wunschziele	**Maßnahmen zur Zielerreichung**
	•
	•
	•
	•
	•
	•
	•
	•
	•

28

Andere persönliche Ziele (Erfahrungen, die ich noch machen möchte; Dinge, die ich noch tun will etc.)
•
•
•
•

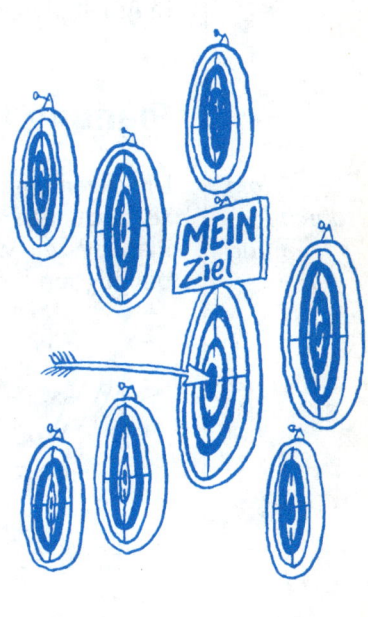

MEIN Ziel

Planen Sie schriftlich

„Wer im Frühling nicht sät, wird im Herbst nicht ernten."

(Sprichwort)

Zeitplanung zur Zielverwirklichung

Zeit und Ziele

Je besser wir unsere **Zeit einteilen (= planen)**, desto besser können wir sie für unsere persönlichen und beruflichen Zielvorstellungen nutzen. Planung bedeutet **Vorbereitung zur Verwirklichung von Zielen**. Der größte Vorteil, wenn Sie Ihre Arbeit planen, ist:

Planung bedeutet Zeit-Gewinn

Erfolg durch Planung

Die allgemeine Erfahrung in der betrieblichen Praxis zeigt, daß man mit einem Mehraufwand an Planungszeit weniger Zeit für die Durchführung benötigt und insgesamt Zeit einspart.

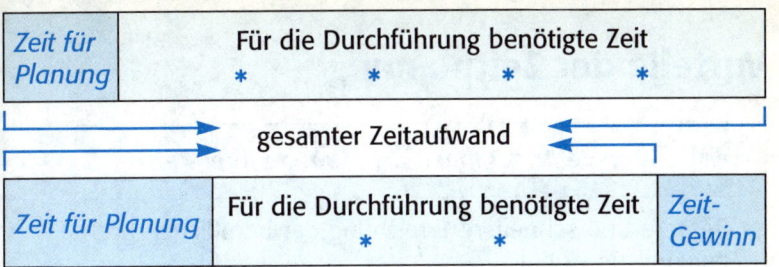

Zeit für Planung	Für die Durchführung benötigte Zeit
	* * * *

gesamter Zeitaufwand

Zeit für Planung	Für die Durchführung benötigte Zeit	Zeit-Gewinn
	* *	

* = Zeitinvestition für die Behebung von Pannen

8 Minuten Planung = 1 Stunde Zeit-Gewinn

Wer seinen Arbeitstag **8 Minuten vorbereitet** und konsequent in Angriff nimmt, kann täglich **eine Stunde Zeit** für das Wesentliche gewinnen.

Tägliche Planung

benötigte Zeit für:

Planung | Durchführung

Planung | Durchführung | kürzere Gesamtzeit

Vorteile der Zeitplanung

Welche *Vorteile* bringt Ihnen die **Planung** Ihrer *Zeit?*	OK?
• Bessere und schnellere Erreichung der beruflichen und persönlichen Ziele	
• Zeit sparen und Zeit gewinnen für die wirklich wichtigen Aufgaben und Ziele (Führungsaufgaben, Mitarbeiter, Kreativität, Familie, Freizeit, Freunde)	
• Überblick über alle Projekte, Aufgaben und Tätigkeiten	
• Weniger Hektik und Streß, mehr Vorhersehbares im Tagesablauf	

Prinzip der Schriftlichkeit

Wichtigstes **Planungsprinzip** ist die **Schriftlichkeit:**

- Zeitpläne, die man nur „im Kopf" hat, verlieren an **Überblick** („Aus den Augen – aus dem Sinn") und werden leichter umgeworfen.

Überblick

- Schriftliche Zeitpläne bedeuten **Arbeitsentlastung** des Gedächtnisses

Arbeitsentlastung

- Ein schriftlich fixierter Plan hat den psychologischen Effekt einer **Selbstmotivation** zur Arbeit. Ihre Aktivitäten bei der Bewältigung der Tagesaufgabe werden zielorientierter und auf die straffe Befolgung des Tagespensums ausgerichtet.

Selbstmotivation

- Dadurch lassen Sie sich weniger ablenken **(Konzentration)** und werden angehalten, die vorgenommenen Aufgaben eher zu erledigen als ohne feste Leitlinie in Form eines Tagesplanes.

Konzentration

- Durch die **Kontrolle des Tagesergebnisses** geht Ihnen das Unerledigte nicht verloren (Übertragung auf einen anderen Tag).

Kontrolle

- Sie können darüber hinaus Ihren **Erfolg** steigern, indem Sie durch Tagespläne Ihren Zeitbedarf und die **Störzeiten besser schätzen** und z.B. realistischere **Pufferzeiten für Unvorhergesehenes** einplanen.

Erfolg

- Schriftliche Zeitpläne, in einem separaten Ordner gesammelt, stellen automatisch eine **Dokumentation** über Ihre geleistete Arbeit dar und können Ihnen in bestimmten Fällen als Nachweis und **Protokoll** für Aktivitäten oder Ihr Nicht-Aktiv-Werden (-Können) dienen.

Dokumentation

> *Was hindert Sie – außer der eigenen Bequemlichkeit – daran,*
> *die Dinge, die Sie tun und erledigen wollen, auch entsprechend*
> *aufzuschreiben?*

| |
| |
| |

Säge
schärfen

oder haben Sie hierfür – angeblich – **keine Zeit?**
Dann lesen Sie bitte die **Geschichte mit der Säge:**

Ein Spaziergänger geht durch einen Wald und be-
gegnet einem Waldarbeiter, der hastig und müh-
selig damit beschäftigt ist, einen bereits gefällten
Baumstamm in kleinere Teile zu zersägen. Der
Spaziergänger tritt näher heran, um zu sehen,
warum der Holzfäller sich so abmüht, und sagt
dann: „Entschuldigen Sie, aber mir ist da etwas
aufgefallen: Ihre Säge ist ja total stumpf! Wollen
Sie diese nicht einmal schärfen?" Darauf stöhnt
der Waldarbeiter erschöpft auf: „Dafür habe ich
keine Zeit – ich muß sägen!"

• Wann wollen Sie **Ihre Säge** schärfen?

	a	b	c	d
−		2	7	3

$$0 + 2 + 14 + 9$$

$$= 25$$

1 c
2 b
3 d
4 c
5 d
6 c
7 b
8 c
9 d
10 c
11 c
12 c

Verwenden Sie Tagespläne

„Je genauer man plant, desto härter trifft einen der Zufall."

(Managerweisheit)

Tagesplanung als Einstieg

Wenn man beginnt, mit **Zeitplänen** zu arbeiten, empfiehlt sich als erster und wichtigster Schritt zum Einstieg die **Planung** jedes einzelnen **Tages:**

- Der Tag ist die **kleinste und überschaubare Einheit** einer systematischen Zeitplanung.

- Man kann jeden Tag **neu beginnen,** wenn ein Tag nicht erfolgreich gelaufen war.

- Wer seine Tagesabläufe nicht durch Planung im Griff hat, wird auch **längere Perioden** wie Monats- oder Jahrespläne nicht einhalten können.

Überschaubar

Neubeginn

Langfristige Pläne

Tagesplan = Tagesziele

Ein **realistischer Tagesplan** sollte grundsätzlich nur das enthalten, was Sie **an diesem Tag erledigen** wollen bzw. müssen – und auch können! Denn je mehr Sie die gesetzten Ziele für erreichbar halten, um so mehr konzentrieren und mobilisieren Sie auch Ihre Kräfte darauf, diese zu erreichen.

Realistisch Planen

ALPEN-Methode

Die folgende **ALPEN-Methode** ist relativ einfach und erfordert nur durchschnittlich 8 Minuten tägliche Planungszeit, um „Mehr Zeit für das Wesentliche" zu gewinnen:

1. Alles Wichtige aufschreiben

1. Aufgaben, Aktivitäten und Termine aufschreiben

Notieren Sie auf einem Formular „Tagesplan" in den entsprechenden Rubriken, was Sie am betreffenden Tag alles erledigen wollen oder müssen:

Aufgaben

• Notwendige Arbeiten aus Ihrem **Aufgabenkatalog** für diese Woche bzw. diesen Monat (vgl. „To-do-Liste", S. 77)

Unerledigtes
Unvorhergesehenes
Termine

• **Unerledigtes** vom Vortage

• **Neu** hinzukommende Tagesarbeiten

• **Termine**, die wahrzunehmen sind

Kommunikation

• **Telefonate** und Korrespondenzen, die zu erledigen sind

Feste Zeiten

• **Periodisch wiederkehrende Aufgaben**, z.B. 14–15 Uhr Abeilungs-Meeting

Der Tagesplan →

Agenda:

 Termine mit sich selbst (Stille Stunde)

 Termine mit anderen

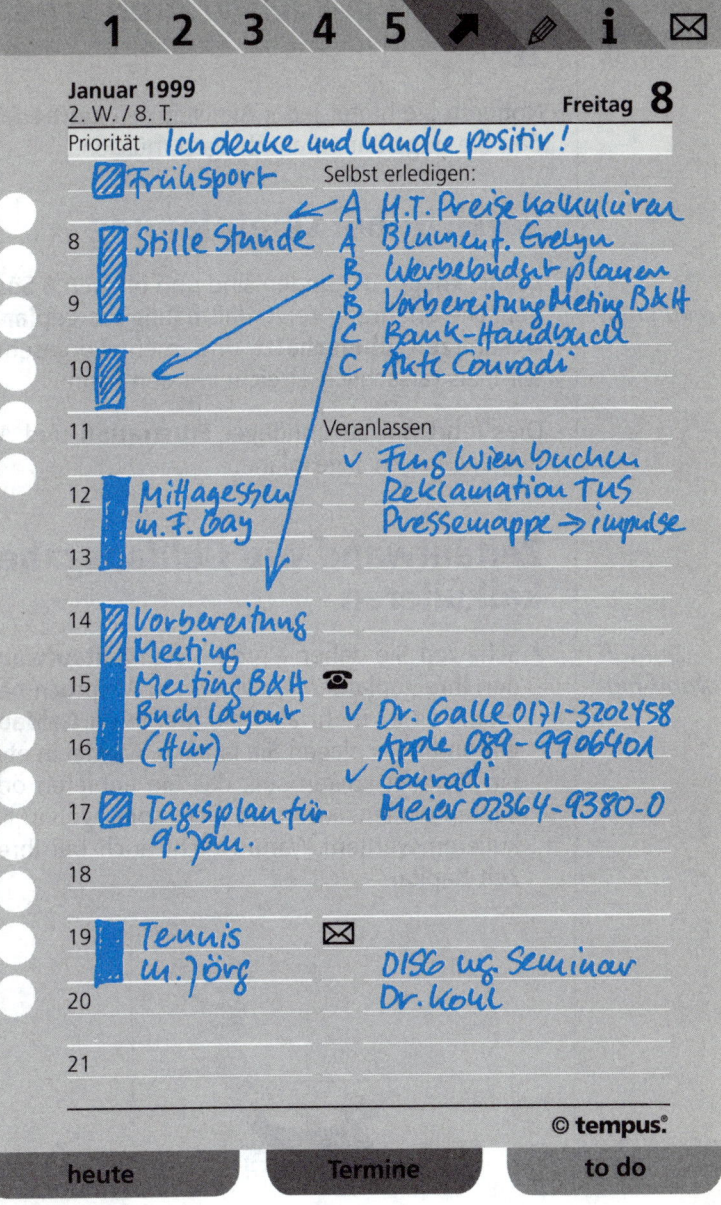

Januar 1999
2. W. / 8. T.

Freitag 8

Priorität *Ich denke und handle positiv!*

Frühsport

Selbst erledigen:

8 Stille Stunde — A M.T. Preise kalkulieren
A Blumenf. Evelyn
B Werbebudget planen
9 B Vorbereitung Meeting B&H
C Bank-Handbuch
10 C Akte Conradi

11 Veranlassen
✓ Flug Wien buchen
12 Mittagessen Reklamation TUS
m. F. Bay Pressemappe → impulse
13

14 Vorbereitung
Meeting
15 Meeting B&H ☎
Buch Layout ✓ Dr. Galle 0171-3202458
16 (Hür) Apple 089-9906401
✓ Conradi
17 Tagesplan für Meier 02364-9380-0
9. Jan.
18

19 Tennis ✉
m. Jörg DISG wg. Seminar
20 Dr. Kohl

21

© **tempus.**

heute   Termine   to do

2. Länge der Aktivitäten schätzen

Notieren Sie hinter jeder Aktivität den **Zeitbedarf**, den Sie ungefähr veranschlagen müssen.

Vorsicht bei Überplanung

Zeit ist knapp. 8 Stunden sind und bleiben 8 Stunden. Die Erfahrung zeigt, daß häufig die **geplante Gesamtzeit überschätzt** und mehr vorgesehen wird, als tatsächlich erreicht werden kann.

Dies führt nur zu unnötiger **Frustration** und Abneigung gegen Tagespläne.

Zeitaufwand wie Geldausgaben kalkulieren

- Schätzen Sie daher – grob – den **Zeitaufwand**, den Ihre geplanten Aktivitäten in Anspruch nehmen. Zeit ist mehr als Geld. Bei Ihren **Geldausgaben** überschlagen Sie ja auch, wieviel in etwa ein Produkt kosten soll, das Sie anbieten oder kaufen wollen, wenn Sie nicht sogar genau kalkulieren werden! Warum nicht auch bei Ihrem Zeit-Kapital?

Zeitlimit ansetzen

- Eine andere Erfahrungsregel besagt, daß für eine Arbeit oft so viel Zeit benötigt wird, wie Zeit zur Verfügung steht. Bei einer konkreten **Vorgabezeit für Ihre Aufgabe** zwingen Sie sich wie bei Ihrem Geldbudget dazu, das Limit auch einzuhalten.

Zeitbudgets

Störungen eliminieren

- Sie arbeiten zudem erheblich **konzentrierter** und unterbinden **Störungen** erheblich konsequenter, wenn Sie sich für eine bestimmte Aufgabe auch eine bestimmte Zeit vorgegeben haben.

Konzentriertes Arbeiten

3. Pufferzeit reservieren

Grundregel der Zeitplanung:

„Erstens kommt es anders, zweitens als man denkt". Verplanen Sie nur einen bestimmten Teil Ihrer Arbeitszeit, erfahrungsgemäß ca. 60% **(Grundregel der Zeitplanung**). Unvorhergesehene Ereignisse, Störgrößen, Zeitdiebe und persönliche Bedürfnisse erfordern es, sich nicht restlos zuzuplanen.

Ihre Zeiteinteilung sollte demnach aus drei Blöcken bestehen:

> • ca. 60% für **geplante** Aktivitäten (Tagesplan)
> • ca. 20% für **unerwartete** Aktivitäten (Störungen, Zeitdiebe)
> • ca. 20% für **spontane** und **soziale** Aktivitäten (kreative Zeiten)

Vorsichtsprinzip:

Nach dem **kaufmännischen Prinzip der Vorsicht** erscheint es sogar angebracht, nur 50% der Arbeitszeit zu verplanen und die anderen **50% als Pufferzeit** zu reservieren.

Puffer   Puffer

4. Entscheidungen über Prioritäten, Kürzungen und Delegationsmöglichkeiten treffen

Aufgabenkatalog auf ein realistisches Maß reduzieren

Da man im Hinblick auf die Grundregel der Zeitplanung dazu neigt, mehr als 50–60% der verfügbaren Arbeitszeit zu verplanen, müssen Sie Ihren Aufgabenkatalog rigoros auf ein **realistisches Maß** zusammenstreichen, indem Sie

- Prioritäten setzen
- Kürzungen vornehmen
- und delegieren.

Der **Rest** muß verschoben, gestrichen oder in Überstunden abgearbeitet werden.

5. Nachkontrolle – Unerledigtes übertragen

Durch Übertrag positiver Erledigungszwang

Wenn Sie eine **Aktivität mehrfach übertragen** haben, wird sie Ihnen lästig, und es gibt zwei Möglichkeiten:

- Sie werden diese Aufgabe endlich anpacken – womit sie nunmehr **erledigt** ist.

- Sie werden sie streichen, weil die Sache sich dann von selbst **erledigt** hat.

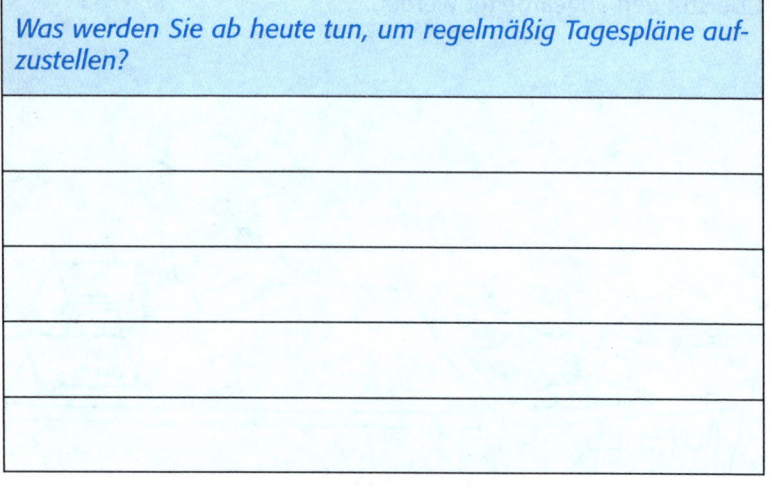

Aktionsplan

Was werden Sie ab heute tun, um regelmäßig Tagespläne aufzustellen?

- Erstellen Sie nach dem Muster auf Seite 37 Ihren Tagesplan für den nächsten Tag

Setzen Sie Prioritäten

„Es ist besser, die richtige Arbeit zu tun
(= Effektivität), als eine Arbeit „richtig" zu
tun (= Effizienz)."

(Peter Drucker)

Eines der Hauptprobleme von Führungskräften ist der ständige **Versuch, zuviel auf einmal zu tun**, und die Gefahr, sich in einzelnen Aufgaben zu **verzetteln**. Am Ende eines harten Arbeitstages steht meist die Erkenntnis, daß man zwar viel gearbeitet hat, **wichtige Dinge** aber **oft liegengeblieben** oder nicht fertiggestellt worden sind.

Zuviel auf einmal

Wichtiges unerledigt

Nur eine einzige Aufgabe erledigen

Erfolgreiche Manager zeichnen sich u.a. dadurch aus, daß sie sowohl viele Dinge als auch ganz verschiedene Tätigkeiten erledigen, indem sie sich während einer bestimmten Zeit **nur einer einzigen Aufgabe** widmen. Sie erledigen also immer nur eine Sache auf einmal, diese jedoch konsequent und zielbewußt. Voraussetzung dafür ist, **eindeutige Prioritäten** festzulegen und sich auch daran zu halten.

Eindeutige Prioritäten

Wichtiges (höchste Priorität) zuerst

Prioritätensetzung heißt, darüber zu entscheiden, welche Aufgaben **erstrangig**, zweitranging etc. und welche nachrangig zu behandeln sind. Aufgaben mit **höchster Priorität** müssen **zuerst erledigt** werden.

Wichtiges zuerst

*Prioritäten:
Packen Sie
das Wich-
tigste zu-
erst an!*

Vorteile der Prioritätensetzung

Durch Aufstellung einer Rangreihe Ihrer Aufgaben stellen sie sicher, daß Sie

Wichtigkeit

- zunächst nur an **wichtigen** oder notwendigen Aufgaben arbeiten

Dringlichkeit

- die Aufgaben ggf. auch nach ihrer **Dringlichkeit** bearbeiten

Konzentration
Zeitersparnis

- sich jeweils nur auf eine Aufgabe **konzentrieren**
- die Aufgaben in der festgelegten Zeit effektiver erledigen

Zielerrei-
chung
Delegation

- die gesetzten **Ziele** unter den gegebenen Umständen noch am besten **erreichen**
- alle Aufgaben **ausschalten** und **delegieren**, die von anderen durchgeführt werden können

Tages-
ergebnisse

- **am Ende der Planungsperiode** (z.B. eines Arbeitstages) zumindest die wichtigsten Dinge erledigt haben

Leistungs-
steigerung

- die Aufgaben, an denen Sie und Ihre persönliche **Leistung** gemessen werden, **nicht unerledigt** liegenlassen

44

Die positiven Auswirkungen: Was wollen Sie erreichen?	X
• Termine werden eingehalten	
• Arbeitsablauf und Arbeitsergebnisse werden befriedigender	
• Mitarbeiter, Kollegen und Vorgesetzte werden zufriedener	
• Konflikte werden vermieden	
• Sie selbst werden zufriedener und vermeiden unnötigen Streß	

ABC-Analyse
Tatsächliche Zeitverwendung entspricht nicht dem Wert der Tätigkeit

Eine **Wertanalyse der Zeitverwendung** zeigt, daß die Anteile von **sehr wichtigen (A)**, **wichtigen (B)** und **weniger wichtigen (C)** Aufgaben an der tatsächlichen Zeitverwendung nicht unbedingt ihrem Anteil am Wert aller Aufgaben für die Erfüllung einer bestimmten Funktion (z.B. Personalleiter) entsprechen:

*Zeitver-
(sch)wen-
dung*

45

Wertanalyse der Zeitverwendung (ABC-Analyse)

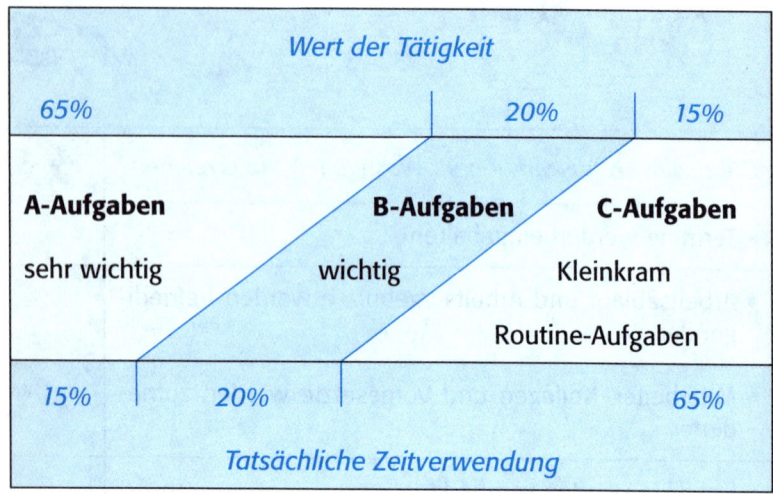

ABC-Analyse

- auf A konzentrieren
- von B delegieren
- bei C entrümpeln

Konzentration auf A-Aufgaben

Prioritäten: ABC

Oft wird die meiste Zeit mit vielen, nebensächlichen Problemen (C) vertan, während wenige, lebenswichtige Aufgaben (A) in der Regel zu kurz kommen. Der Schlüssel für ein erfolgreiches **Zeitmanagement** liegt nun darin, den geplanten Aktivitäten eine eindeutige **Priorität** zu verleihen, indem wir sie durch eine **A-B-C-Klassifikation** in eine Rangordnung bringen:

- **A-Aufgaben** sind die **wichtigsten Aufgaben** einer Führungskraft. Sie können von der betreffenden Person nur allein oder im Team verantwortlich durchgeführt werden (nicht delegierbar) und sind für die Erfüllung der ausgeübten Funktion von größtem Wert.

- **B-Aufgaben** sind durchschnittlich wichtige Aufgaben und auch delegierbar.

- **C-Aufgaben** sind die Aufgaben mit dem geringsten Wert für die Erfüllung einer Funktion, haben jedoch den größten Anteil an der Menge der Arbeit (Routinearbeiten, Papierkram, Lesen, Telefonieren, Akten, Korrespondenz und andere Verwaltungsarbeiten).

A-Aufgaben: äußerst wichtig

B-Aufgaben: wichtig

C-Aufgaben: weniger wichtig

Prioritätensetzung durch ABC-Analyse

Selbstverständlich bedeutet die **ABC-Analyse** nicht, nur noch A-Aufgaben zu erledigen und auf C-Aufgaben gänzlich zu verzichten, sondern alle diese Aktivitäten durch **Prioritätensetzung** in eine ausgewogene **Relation**, richtige **Rangordnung** und **Reihenfolge** für die Tageserledigung zu bringen.

Wichtiges zuerst

47

*A-Aufgaben sind
wichtige und nicht
delegierbare Aufgaben*

Praktische Anwendung

Die **ABC-Analyse** funktioniert **in der Praxis** am besten, indem Sie

- nur 1–2 **A-Aufgaben** pro Tag (ca. 3 Std.) einplanen
- weitere 2–3 **B-Aufgaben** (ca. 1 Std.) vorsehen
- den Rest für **C-Aufgaben** (ca. 45 Min.) reservieren)

1–2 A

2–3 B

Rest C

Aktion statt Reaktion

So **steuern Sie aktiv Ihren Arbeitsablauf**, konzentrieren sich auf die jeweils **wesentlichen Dinge** und vermeiden Konflikte und unnötigen Streß. Viele Manager ziehen es jedoch vor, Dinge nur richtig zu tun **(Tätigkeitsorientierung)**, anstatt die richtigen Dinge zu tun **(Zielorientierung)**.

Zielorientierung statt Tätigkeitsorientierung

Wenn Sie auf diese Weise Ihre **Tagesziele** erreicht haben und trotz Störungen und unvorhergesehener Dinge noch **Zeitreserven** haben, können Sie dann neu entscheiden, wie und wofür Sie diese Zeit verwenden wollen.

Zeitreserven

„Was gibt mir die Zuversicht, der richtige Mann für unser Management zu sein?"

Was sind Ihre A-Aufgaben in der Funktion, die Sie zur Zeit aus-üben?
● ————————————————————
● ————————————————————
● ————————————————————
● ————————————————————
● ————————————————————
Was werden Sie ab heute tun, um jeden Tag mindestens an ei-ner A-Aufgabe zu arbeiten?
Was werden Sie mit der gewonnenen Zeit tun, die Sie durch konsequente Prioritätensetzung und -erledigung gewinnen?

50

Sie sollten jeden Tag etwas tun, das Ihnen sehr viel Freude macht.

Beginnen Sie positiv

„Ein fröhliches Herz ist die beste Arznei; ein gedrücktes Gemüt dörrt das Gebein aus."

(Altes Testament)

Schlechte Startphase = schlechter Tag

Start in den Tag

Es ist fast immer das gleiche Problem: **Unausge-schlafen,** mit Eile und Hast, ohne vernünftiges Frühstück in die Firma gerast – mit einem solchen Start kann der **Tag sehr leicht mißlingen!**

Guter Start = guter Tag

Positiver Beginn

Gönnen Sie sich Zeit am Morgen:

- für ein gemütliches **Aufwachen**
- für ein schönes **Frühstück** mit der Familie
- für eine wohltuende persönliche **Hygiene** und Pflege
- für eine gelassene **Fahrt zur Arbeit** ohne Hast

Positive Lebensführung und Life-Styling

Sie sollten versuchen, jedem neuen Tag etwas **Positives** abzugewinnen, denn unsere Grundeinstellung zu unserer Umwelt, also auch die **Einstellung,** wie wir an die anstehenden Aufgaben herangehen, hat einen maßgeblichen Anteil an unserem Erfolg oder Mißerfolg. Alle Lebenshilfeschulen und Autoren von Erfolgsratgebern sind einhellig der Auffassung, daß Erfolg sehr stark von der persönlichen Einstellung, den eigenen Gedanken, Gefühlen und Gemütszuständen abhängt und durch **positives Denken und Handeln** entsprechend beeinflußt werden kann.

Positive Grundeinstellung

Positives Denken

3 Positiv-Regeln

Um eine **positive Einstellung** zum neuen Tag zu erhalten, sollten Sie **drei Regeln** beachten:

3x positiv

- Jeden Tag etwas tun, das Ihnen sehr **viel Freude** bereitet.
- Jeden Tag etwas tun, das Sie spürbar Ihren persönlichen **Zielen** näherbringt.
- Jeden Tag etwas tun, das Ihnen einen **Ausgleich zur Arbeit** schafft (Sport, Familie, Hobby etc.)

Freude

Zielerreichung
Freizeit

Vor der Arbeit

*Tagesvor-
bereitung*

*Check-up
des Tages-
planes*

*A-Aufgaben
vorbereiten*

Bevor Sie sich **auf Ihre Arbeit** stürzen, sollten Sie sich in aller Ruhe auf den Tag einstellen, indem Sie

- Ihren **Tagesplan** (am Abend des Vortages erstellt) anhand der fixierten Aufgaben und Tagesziele nach Wichtigkeit und Dringlichkeit **noch einmal durchgehen;**

- für die **Schwerpunktaufgaben des Tages** (Aufgaben) die nötige **Arbeitsvorbereitung treffen** und Unterlagen bereitlegen.

54

Vor der Heimfahrt

Bevor Sie **aus Ihrem Büro** stürzen, sollten Sie in aller Ruhe den Tag abschließen und sich innerlich auf die Heimfahrt, den Abend und die Freizeit einstellen, indem Sie

- einen **Soll-Ist-Vergleich des Tagesplanes** im Hinblick auf die Zielerreichung durchführen
- prüfen, welche Aufgaben **nicht erledigt werden** konnten und auf den **nächsten Tag übertragen** werden müssen
- den **Tagesplan für den nächsten Tag** aufstellen. So ersparen Sie sich am Abend und vor dem Schlafengehen unruhige Gedanken darüber, was wohl morgen noch alles auf Sie zukommen wird
- im Sinne einer **positiven Lebensführung** sich bewußtmachen, welche Qualität und welchen Wert der Tag für Ihr Leben hatte
- sich überlegen, wie Sie den **Abend** verbringen möchten. Viele kommen abends von der Arbeit nach Hause, ohne einen Gedanken daran verschwendet zu haben, wie sie Freude verbreiten und eine **Grundlage für einen guten Abend** schaffen können.

Tagesnachbereitung

Tagesplan überprüfen
Unerledigtes übertragen
Plan für den nächsten Tag

Tagesbewertung

Einstimmung auf den Feierabend

55

Aktionsplan

Was werden Sie ab morgen tun, um einen positiven Tagesbeginn zu erreichen?
Welche Möglichkeiten sehen Sie, dem Abend einen Höhepunkt zu geben (Familie, Kinder, Theater, Konzert, gutes Buch, Freunde, Ausgehen, Sport, Meditation etc.)?

56

Beachten Sie die Lei- stungskurve

„Morgenstund' hat Gold im Mund."
(Volksweisheit)

Rhythmische Schwankungen

*Schwan-
kungen in
der Lei-
stungs-
fähigkeit*

Jeder Mensch ist in seiner **Leistungsfähigkeit**
während des ganzen Tages bestimmten Schwankungen unterworfen, die sich in einem **natürlichen Rhythmus** vollziehen und im voraus abse-
hen lassen. Die statistische, durchschnittliche tägliche Leistungsbereitschaft und ihre Schwan-
kungsbreite lassen sich durch folgende Grafik beschreiben (REFA-Normkurve):

*Leistungs-
kurve*

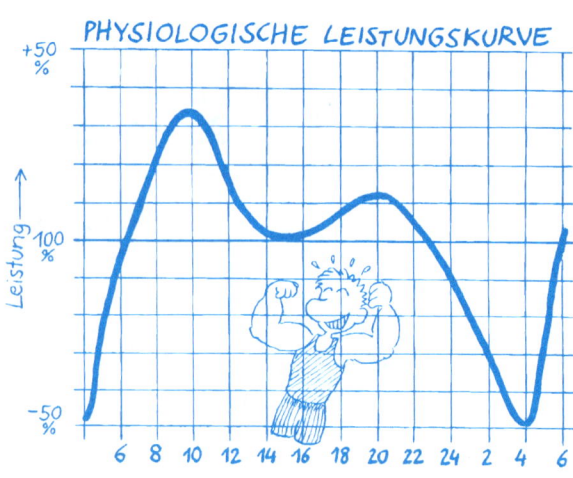

*Physiologische Leistungsbereitschaft als %-Ab-
weichung*

Unterschiede und Gemeinsamkeiten

Hier gibt es zwar eine Reihe **individueller Unterschiede**, die durch Ernährungsgewohnheiten und andere persönliche Merkmale beeinflußt werden. Grundsätzlich jedoch kann man folgendes feststellen:

- Der **Leistungshöhepunkt** liegt am **Vormittag**. Dieses Niveau wird während des gesamten Tages nicht mehr erreicht.
- Am **Nachmittag** schließt sich dann das allgemein bekannte **Nach-Mittag-Tief** an, das von manchen durch starken Kaffeegenuß bekämpft, jedoch dadurch verlängert wird.
- Nach einem erneuten **Zwischenhoch** am **frühen Abend** fällt die Leistungskurve kontinuierlich ab, um dann einige Stunden nach **Mitternacht** ihren **absoluten Tiefpunkt** zu erreichen.

Persönlicher Tagesrhythmus

Jeder von uns muß mit diesen Schwankungen der persönlichen Leistungsfähigkeit leben. Wichtig ist, daß Sie Ihren **persönlichen Tagesrhythmus** herausfinden, damit Sie die Erledigung der komplizierten und wichtigen Dinge **(A-Aufgaben)** während Ihres **Leistungshochs** am Vormittag einplanen können. Im berühmten **Leistungstief** sollten Sie nicht gegen Ihren biologischen Rhythmus arbeiten, sondern versuchen, zu entspannen und diese Phase für soziale Kontakte und Routinetätigkeiten **(C-Aufgaben)** nutzen. Nach dem Anstieg der Leistungskurve **am späten Nachmittag** können Sie sich wieder wichtigeren Aktivitäten **(B-Aufgaben)** zuwenden.

Individuelle Unterschiede

Leistungshoch am Vormittag

Leistungstief nach dem Essen

Zwischenhoch vor Feierabend

Leistungshoch: A-Aufgaben

Leistungstief: C-Aufgaben

Zwischenhoch: B-Aufgaben

Persönliche Leistungskurve

Zeichnen Sie nun Ihre persönliche Leistungskurve:

Leistung

100%

6 8 10 12 14 16 18 20 22 24

Uhrzeit

Das Tageskamel

60

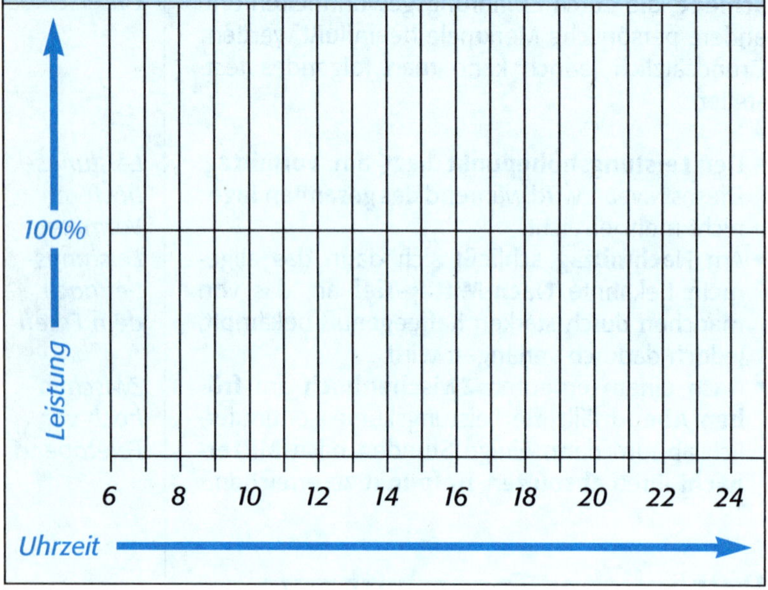

Leistungssteigerung

Wenn Sie durch eine **Tagesorganisation** nach der **Leistungskurve** die natürlichen **Gesetzmäßigkeiten Ihres Organismus** nutzen, werden Sie Ihre **Produktivität erheblich steigern** – ohne große Maßnahmen oder Änderungen vornehmen zu müssen.

Produktivität

ENERGIEVERBRAUCH UND -RESERVEN
bei gleicher Tätigkeit

A-Aufgaben

Eine komplizierte, unangenehme Aufgabe, bei der man sich sehr konzentrieren muß, fällt am **Vormittag** erheblich leichter als im Leistungstief, wo man sich doppelt und dreifach abmühen muß!

Vormittag

Pausen zur Regeneration

Energie tanken

Zu langes, intensives Arbeiten macht sich ohnehin nicht bezahlt, da die Konzentration und Leistungsfähigkeit nachlassen und sich Fehler einschleichen. Betrachten Sie **Pausen** nicht als Zeitverschwendung, sondern als erholsames Auftanken von Energie:

Nach 1 Stunde Arbeit 10 Minuten Pause

optimale Erholung

Einschlägige medizinische Untersuchungen haben ergeben, daß der **beste Erholungswert** nach etwa 1 Stunde Arbeitszeit erzielt wird. Die Pause sollte nur bis zu 10 Minuten dauern, weil der optimale Effekt in den **ersten 10 Minuten eintritt,** danach jedoch eine sinkende Tendenz hat:

Regelmäßi-ge Kurz-pausen

- daher sollten Sie **regelmäßige,** aber **kurze Pausen** in Ihrem Tagesplan vorsehen.

Bewegung, Sauerstoff

- Der Regenerationseffekt der Pausen kann erheblich gesteigert werden, wenn Sie versuchen, sich zu entspannen, für Bewegung und frische **Sauerstoffzufuhr** sorgen.

62

Leistungswerte der Konzentration im Verlauf von 60 Minuten

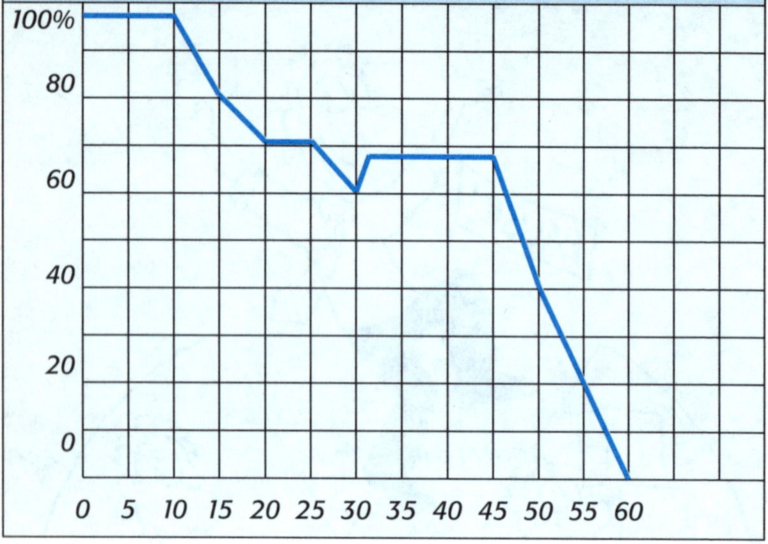

100%											
80											
60											
40											
20											
0											

0   5   10   15   20   25   30   35   40   45   50   55   60

Aktionsplan

Was werden Sie ab heute tun, um Ihre Tagesleistung durch Anpassung Ihrer Zeitplanung an Ihren Biorhythmus zu verbessern?

Was werden Sie ab heute tun, um den Regenerationseffekt durch Kurzpausen besser nutzen zu können?

Hoch

Tief

1 Periode
(23, 28 oder 33 Tage)

Biorhythmus

Reservieren Sie eine „Stille Stunde"

„Die größten Ereignisse, das sind nicht unsere lautesten, sondern unsere stillsten Stunden."

(Friedrich Nietzsche)

Überstunden durch Störungen

Überstunden

Störungen

Offene Tür

Viele Manager erledigen die „eigentliche" Arbeit erst nach **offiziellem Dienstschluß**. Tagsüber finden Sie keine Zeit, da es zu viele **Störmomente** gibt: Mitarbeiter, Kunden, unangemeldete Besucher, Konflikte, Telefon, Sitzungen etc. Eine permanente **offene Tür** wird zwar von allen Beteiligten sehr geschätzt, aber erweist dem Betroffenen einen Bärendienst.

Sägeblatt-Effekt

Leistungsverlust: 28% Zeit

Wenn jemand dauernd gestört oder in seiner Arbeit unterbrochen wird, tritt der bekannte **„Sägeblatt"-Effekt** in Erscheinung: Wird er von seiner Aufgabe auch nur für einen kurzen Moment abgelenkt, so bedarf es bis zur erneuten Weiterarbeit an der gleichen Stelle einer zusätzlichen Anlaufs- und Einarbeitungszeit. Addiert man diese **Leistungsverluste** einmal auf, so kann **bis zu 28% unserer Zeit** dadurch verlorengehen.

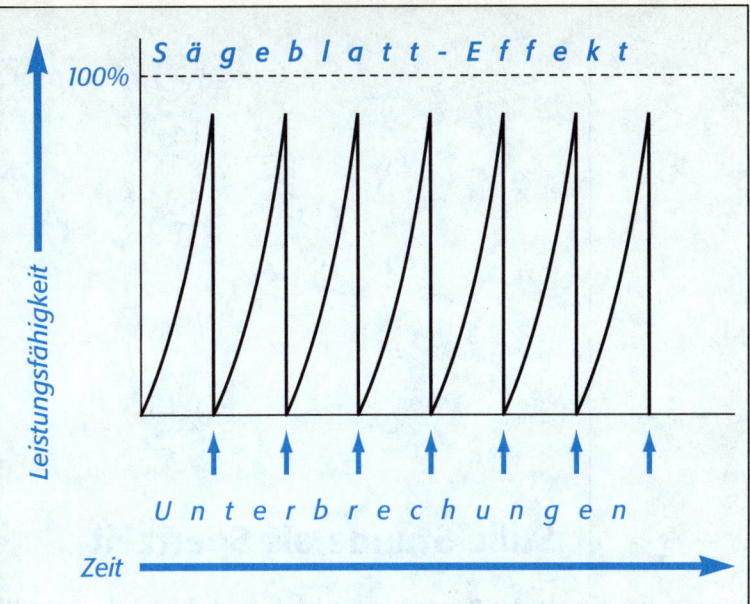

Abnahme der Leistungsfähigkeit bei ständig durch Störungen unterbrochenen Arbeiten

Zeitverluste durch
• immer längere Anlaufzeiten
• immer geringere Konzentration

1 Stunde störungsfrei für A-Aufgaben

Für die Erledigung äußerst wichtiger Aufgaben (**A-Aufgaben**) ist es sinnvoll, möglichst **störungsfrei** arbeiten zu können. Was kann man nicht alles erreichen, wenn man mal **1 Stunde** ungestört arbeiten kann – doch wie realisieren?

Ungestörtes Arbeiten

Stille Stunde als Sperrzeit

Quiet Hour

In der Praxis hat es sich bewährt, täglich eine **Stille Stunde** oder **Sperrzeit** einzurichten, in der man von niemandem gestört werden will.

Ungestörter Zeitblock = Zeitgewinn

Nicht immer erreichbar sein

Wenn wir ehrlich sind, brauchen wir telefonisch nicht „rund um die Uhr" **erreichbar** und persönlich **nicht immer sprechbar** zu sein. Das Geschäft läuft normal weiter, auch wenn Sie sich für eine Stunde (oder mehr?) von Ihrer Umwelt abkapseln. Wenn Sie mit einer anderen Person einen Termin haben oder an einer Besprechung teilnehmen, werden Sie ja in der Regel auch nicht gestört. Betrachten Sie diese **persönliche Sperrzeit** daher als einen sehr wichtigen Termin, den vielleicht wichtigsten überhaupt:

Persönliche Sperrzeit

Einen Termin mit sich selbst! (Stille Stunde)

Persönlicher Termin

Organisation der Stillen Stunde

Organisatorisch brauchen Sie die **Stille Stunde** nur wie jeden anderen **„wichtigen Termin"** handhaben, bei dem Sie auch nicht mehr da oder sprechbar sind:

- Tragen Sie die **Stille Stunde** auch wie eine **Besprechung** oder einen Kundenbesuch in Ihren **Tagesplan** ein.

Tagesplan

- **Schirmen** Sie sich für die **Stille Stunde ab** (am besten mit Hilfe Ihrer Sekretärin) oder schließen Sie die Tür zu Ihrem Büro zu und sagen Sie vorher an, daß Sie „nicht da" sind.

Abschirmen

Schirmen Sie sich ab für „Stille Stunden"

Rückrufe

Rückruf-methode

Eingehende Telefonanrufe oder Anfragen von Mit-arbeitern o.ä. kann die Sekretärin entgegenneh-men und **Rückrufe** vereinbaren. Dies mag unauf-richtig erscheinen, aber Ihre wichtigen Aufgaben sollen wenigstens einmal am Tag den absoluten Vorrang haben!

Sperrzeiten und Störkurve

Sperrzeiten

Bei der Einplanung unserer **Sperrzeiten** können wir die **störarmen** und **störanfälligen Zeiten** des Tages berücksichtigen.

Störkurve

Die **Tages-Störkurve** zeigt einen solchen Verlauf für einen typischen Bürotag:

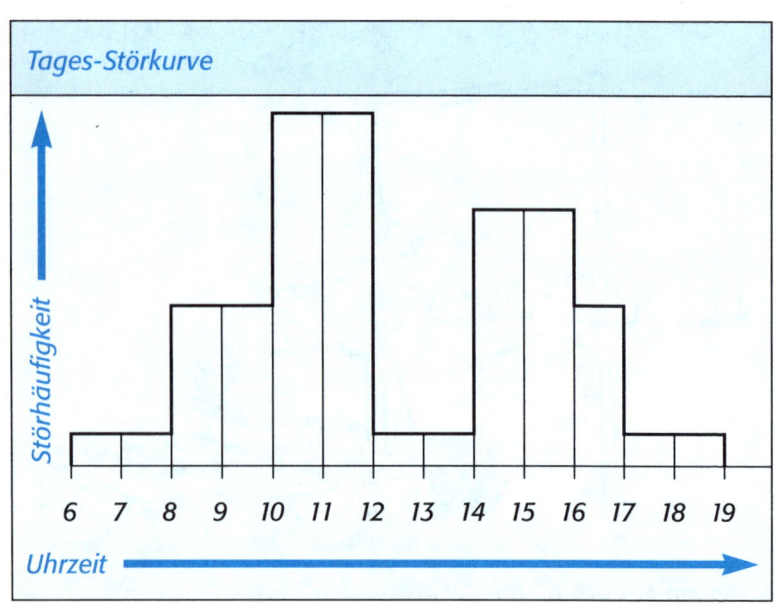

Tages-Störkurve

Störhäufigkeit

6 7 8 9 10 11 12 13 14 15 16 17 18 19

Uhrzeit

Tagesgestaltung

Versuchen Sie daher, entsprechend der Störkurve zu arbeiten, indem Sie

Planung

- während der **störarmen** Zeiten **am Vormittag** Ihre **Stillen Stunden** einplanen und Ihre wichtigsten Aufgaben **(A-Aufgaben)** erledigen.

Stille Stunde: A-Aufgaben

- während der **störanfälligen** Zeiten häufige Unterbrechungen einkalkulieren und **weniger wichtige Arbeiten (C-Aufgaben)** verrichten.

Störstunden: C-Aufgaben

Aktionsplan

Was werden Sie ab heute tun, um regelmäßig in den Genuß einer Stillen Stunde zu kommen?

Führen Sie durch Delegation

„Wer selbst arbeitet, verliert die Übersicht."

(Kroatisches Sprichwort)

Wer delegiert, führt!

Delegation ist die Schlüsseltätigkeit jedes Arbeitstechnikers und jeder Führungskraft überhaupt. Ihr direkter und indirekter Nutzen ist beträchtlich.

Delegation: Schlüssel zum Erfolg

Nutzen der Delegation

Welchen Argumenten zum **Nutzen der Delegation** stimmen Sie zu?	OK?
• Delegation hilft der Führungskraft, sich zu **entlasten** und **Zeit für wichtige Aufgaben** (z.B. für die eigentliche Führungsfunktion) zu gewinnen.	
• Delegation hilft, die **Fachkenntnisse und Erfahrungen** der betreffenden **Mitarbeiter** zu nutzen.	
• Delegation hilft, die Fähigkeit, Initiative, Selbständigkeit und Kompetenz der **Mitarbeiter** zu **fördern** und zu **entwickeln.**	
• Delegation wirkt sich oft positiv auf die **Leistungsmotivation** und **Arbeitszufriedenheit der Mitarbeiter** aus.	

Auswertung

Haben Sie mehrere oder gar alle Punkte angekreuzt?

Dann werden Sie auch unserer These zustimmen:

Delegation: Vorteile für Führungskraft und Mitarbeiter

Delegation ist für Führungskraft **und** Mitarbeiter gleichermaßen von Vorteil; sie bedeutet

• **Selbstentlastung** und schafft **Zeit für A-Aufgaben** und
• Chancen für **Mitarbeiter**, sich zu **entwickeln (Motivation).**

Übertragung auch von Kompetenzen und Verantwortung

Mitarbeiter reagieren in der Regel überwiegend positiv auf richtig angewandte Delegation, d.h. **Übertragung von Arbeitsaufgaben und Kompetenzen plus Verantwortung**.

Angewandte Delegation

Erfolgreiche Delegation setzt zwei Dinge voraus:

Erfolgreiche Delegation:
– Wollen

- die Bereitschaft zu delegieren **(das Wollen)**
- die Fähigkeit zu delegieren **(das Können)**

– Können

Delegation und Zeitmanagement

Wer nicht effektiv delegiert, betreibt auch kein effektives (Zeit-)Management. Das **Wollen** – dies ist Ihre persönliche Entscheidung. Das **Können** – hier eine Zusammenfassung der wichtigsten Regeln für einen erfolgreichen Delegationsauftrag:

Delegation

Check-up „**Delegations-Regeln**" (Schnellanalyse)	✓
• **Was** soll getan werden? (Inhalt)	○
• **Wer** soll es tun? (Person)	○
• **Warum** soll er es tun? (Motivation, Ziel)	○
• **Wie** soll er es tun? (Umfang, Details)	○
• **Wann** soll es erledigt sein? (Termine)	○

Praktizieren Sie mehr **„Management by Delegation"**!

Manage-
ment by
Delegation
Mitarbeiter-
kapazität

- Entscheiden Sie bei jeder Aufgabe von neuem: Muß ich diese Tätigkeit unbedingt **selbst** ausführen oder kann sie nicht ebenso gut (oder noch besser) von einem **Mitarbeiter** erledigt werden?

mittel- und
langfristige
Aufgaben

- Delegieren Sie auch kontrolliert **mittel- und langfristige Aufgaben** Ihres Arbeitsgebietes, die den Mitarbeiter motivieren und fachlich fördern können.

täglich

- Delegieren Sie **täglich so oft und so viel wie möglich** – soweit es die Arbeitssituation und Kapazität der Mitarbeiter zuläßt.

Servicestel-
le

- Delegieren Sie nicht nur an Ihre Mitarbeiter, sondern auch an andere Abteilungen sowie interne wie externe **Servicestellen**.

To do-Liste

- Eine wirksame Delegation erfordert eine gute Arbeitsorganisation: Planen Sie auch Ihre Aufgabendelegation und überwachen Sie die delegierten Aufgaben und Termine mit einer Arbeitshilfe – **„To do-Liste"**:

To do-Liste

Prio	Monat Mai	Termin	✓
A	Werbekonzept DISG fertigstellen	30.5.	
B	Konferenz HET vorbereiten	20.5.	
B	Vortrag IHK Ulm ausarbeiten	18.5.	
B	Arbeitsbericht "Fehlzeiten" prüfen	10.5.	
C	Projektgruppe "SAP R3" einberufen	16.5.	
C	Artikel "Lean Training" schreiben	30.5.	
C	Werksbesichtigung REWE organisieren	28.5.	
C	Verkaufsbericht "Süd" zus.stellen	21.5.	
C	Seminarplanung abgeben	30.5.	

© tempus.   Best. Nr. BF 04

Delegation nach dem Eisen-hower-Prinzip

Ein einfaches, praktisches Hilfsmittel zur **Delega-tion** bildet das auf den **US-General Dwight D. Eisenhower** zurückgehende Entscheidungsraster, insbesondere wenn **schnell** entschieden werden muß, welchen Aufgaben der Vorzug einzuräumen ist. **Prioritäten** werden nach den Kriterien

schnelle Entschei-dung

Prioritäten-setzung

- **Dringlichkeit**
  und
- **Wichtigkeit**
  gesetzt.

Prioritäten-Matrix

Je nach hoher und niedriger **Dringlichkeit** bzw. **Wichtigkeit** einer Aufgabe lassen sich vier Mög-lichkeiten der Bewertung und (anschließenden) Erledigung von Aufgaben unterscheiden:

Schnellana-lyse nach
– Wichtig-keit
– Dringlich-keit

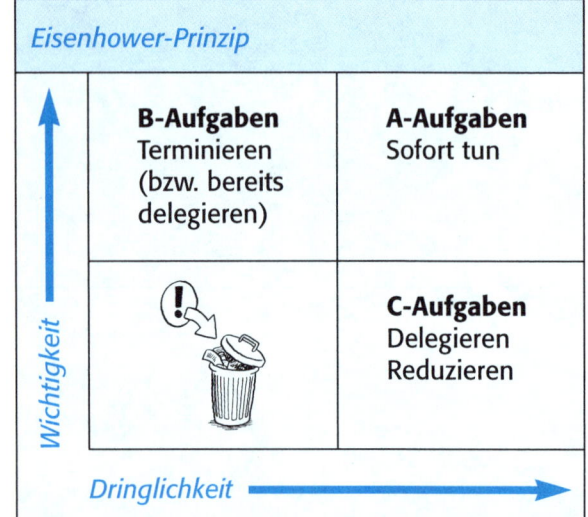

Eisenhower-Prinzip

Wichtigkeit ↑	**B-Aufgaben** Terminieren (bzw. bereits delegieren)	**A-Aufgaben** Sofort tun
		C-Aufgaben Delegieren Reduzieren

Dringlichkeit →

78

Für die **praktische Anwendung** bedeutet das:

- Aufgaben, die sowohl **dringend** als auch **wichtig** sind, muß man sich selber widmen und sie **sofort** in Angriff nehmen **(A-Aufgaben)**.
- Aufgaben von hoher Wichtigkeit, die aber noch nicht dringlich sind, können zunächst warten, sollten aber geplant, d.h. **terminiert** bzw. kontrolliert **delegiert** werden **(B-Aufgaben)**.
- Aufgaben, die keine hohe Wichtigkeit haben, aber dringend sind, sollten **delegiert** bzw. nachrangig erledigt werden **(C-Aufgaben)**.
- Von Aufgaben, die sowohl von geringer Dringlichkeit als auch geringer Wichtigkeit sind, muß unbedingt Abstand genommen werden **(Papierkorb** oder **Ablage)**.

Anwen-dung:
A-Aufgaben sofort erledigen
B-Aufgaben terminieren delegieren

C-Aufgaben delegieren

Papierkorb Ablage

Mut zum Papierkorb!

Haben Sie ein wenig mehr **Mut zum Risiko** und entscheiden Sie sich öfter für den **Papierkorb**, den besten Freund des Menschen. Nicht wenige Dinge, wenn sie lang genug liegenbleiben, erledigen sich öfters von selbst!

Mut zum Risiko:
Mehr Papierkorb!

Aktionsplan

Was hindert Sie daran, ab heute mehr Aufgaben als bisher zu delegieren?
Was können Sie heute/morgen aus Ihrem Aufgabenkatalog gleich delegieren?

Be„nutzen" Sie ein Zeitplanbuch

„Es genügt nicht, zum Fluß zu kommen
mit dem Wunsch, Fische zu fangen.
Man muß auch das Netz mitbringen."
(Chinesische Weisheit)

Erfolgreiche Zeitmanager

Erfolgreiche Manager jedoch sind auch erfolgreiche Manager ihrer Zeit. Sie haben es geschafft, ihre Tätigkeiten so in den Griff zu bekommen, daß sie **Zeit für das Wesentliche** haben.

Erfolgsgeheimnis vieler **Arbeitsmethodiker** und Zeitmanager ist der tägliche Einsatz eines persönlichen **Arbeitsmittels,** mit dessen Hilfe es gelingt:

Arbeitsmittel „Zeitplanbuch"

- einen **Überblick** über alle anstehenden Aufgaben zu haben,

Überblick

- alle **wichtigen Vorhaben, Termine und Aktivitäten** systematisch und zielorientiert zu **planen**, aufeinander abzustimmen und

Planung

- ihre Erledigung und Weiterführung erfolgreicher zu organisieren und zu **kontrollieren**.

Kontrolle

81

Arbeitsmittel „Zeitplanbuch"

Zeitplan-buch – mehr als ein Termin-kalender

Ein solches Arbeits-, Ordnungs- und Selbstdiszipli-nierungsmittel stellt das **Zeitplanbuch** dar. Ande-re Bezeichnungen sind Arbeitsringbuch, Erfolgs-Planbuch, Erfolgstagebuch, Glückstagebuch, Zeit-plan-System o.ä. Ein Zeitplanbuch ist jedoch weit **mehr als ein Terminkalender**, der in der Regel nur eine Erinnerungshilfe für Termine und Daten darstellt, aber keine Aktivitätenlisten, Prioritäten, Zeitdauer und Zielsetzungen von Aufgaben ent-hält, die man selbst erledigen oder delegieren will:

System – Ringbuch Loseblatt Funktionen

- Das **Zeitplanbuch** ist i.d.R. ein **praktisches Ringbuchsystem** mit **Loseblattordnung** und dadurch stets ergänzbar. Es ist Terminkalender, Tagebuch, Notizbuch, Planungsinstrument, Erin-nerungshilfe, Adressenregister, Nachschlage-werk, Ideenkartei, Telefonregister und Kontroll-werkzeug zugleich. Als ständiger persönlicher Begleiter ist es auch schriftliches Gedächtnis, mobiles Büro und Datenbank im Kleinformat.

– Arbeits-speicher Planungs-formulare

- Das **Zeitplanbuch** ist der wichtigste, praktische Teil eines konsequenten Zeitplansystems, näm-lich der persönliche Arbeitsspeicher aller **(Tages-) Zeitpläne, Formulare und Checklisten** für die tägliche Praxis.

– Prinzip der Schrift-lichkeit

- Das **Zeitplanbuch** sorgt für eine erfolgreiche persönliche Ziel- und Zeitplanung und bessere Nutzung der wertvollen Zeit. Es realisiert das Zeitplanprinzip der **Schriftlichkeit**. Man hat ei-nen ständigen und vollen **Überblick** über sämt-liche Dispositionen, Pläne und größeren Vorha-ben und kann flexibel auf jede geänderte Situa-tion reagieren.

- Das **Zeitplanbuch** ist je nach Angebot der einzelnen Hersteller wie folgt aufgebaut:

– Aufbau, Funktionen

– **Kalenderteil** mit Jahreskalendarium (Leporello) und Planungsformularen, z.B. für Tagespläne, Vormerkblättern für nachfolgende Monate und Wochen etc.

Kalenderteil

– **Beruflicher und persönlicher Datenteil** mit Form- und Notizblättern, Listen und Informationen z.B. Projektplanung, Messetermine, Umsatzzahlen, Postgebühren, Bücherlisten, Flugverbindungen, Hoteladressen, Einnahmen und Ausgaben, Steuertermine, Blankoblätter, Ideenkartei, Checklisten etc.

Datenteil

– **Adressen- und Telefonregister** (ABC)
– **Allgemeiner Teil** mit Klemmtaschen, Klarsichthüllen und Umschlagtaschen für Eurochecks, Briefmarken, Kredit- und Scheckkarten, Firmenausweis, Geldscheine, Fotos etc.

Adressen, Telefon Verschiedenes

Erfolgreiche Manager sind auch erfolgreiche Manager ihrer Zeit.

Leistungsvergleich: Terminkalender – Zeitplanbuch

Vorzüge eines Zeit- planbuches

Ein einfacher Terminkalender kann somit nie die verschiedenen Funktionen eines Zeit„plan"buches übernehmen. Ein **Leistungsvergleich: Terminka- lender – Zeitplanbuch** zeigt, welche entscheiden- den Vorzüge die Verwendung eines Zeitplanbu- ches bringt:

Planungs- buch im- mer dabei

* Sie haben bei **Terminabstimmungen** auch Ihr persönliches **Planungs-, Kontroll- und Steue- rungsinstrument** immer dabei.

Informatio- nen immer griffbereit

* Sie haben alle **Informationen** – weil übersicht- lich geordnet – **immer griffbereit**: auf Reisen, beim Kundenbesuch, in Besprechungen, im Büro oder zu Hause.

Entschei- dungshilfen verfügbar

* Sie haben **Checklisten** und andere **Planungs- und Entscheidungs**-Hilfen **immer zur Verfü- gung.**

Direkter Datenzugriff

* Sie können auf **engem Raum** alle notwendigen Daten und Informationen **im direkten Zugriff** bereithalten.

Flexibles Ringbuch

* Sie können Teile Ihres **Ringbuches** jederzeit er- weitern, ergänzen oder ausgliedern.

10% Erfolgseffekt durch Management by Zeitplanbuch = 1 Stunde Zeitgewinn pro Tag

Herkömmliche Terminkalender, die nur zur Terminvormerkung benutzt werden können, sind daher die **Totengräber jeder erfolgreichen Zeitplanung**. Durch den Einsatz und die Anwendung eines **Zeitplanbuches** kann die tägliche Arbeit besser geplant, organisiert, koordiniert und rationeller durchgeführt werden. Das Zeitplanbuch verbessert die Qualität und den Erfolg der eigenen Arbeit. Bei nur **ca. 10% Rationalisierung** – die Anbieter versprechen 15–40% mehr Zeit – läßt sich durch ein effektives **„Management by Zeitplanbuch"** täglich **eine** ganze **Stunde Zeit** einsparen!

Bessere Selbstorganisation

Auf der nächsten Doppelseite finden Sie ein konkretes Beispiel, wie ein durchdachtes Zeitplanbuch aussehen kann. Das **tempus-Zeitplansystem** wurde seit 1995 jedes Jahr mit dem „World Calendar Award" ausgezeichnet.

Zeitplanbuch: konkretes Beispiel

Komplettsystem

= 1 Ringbuch

Das alles enthält ein **tempus.** Komplettsystem

tempus gibt es im handlichen
Westentaschen-Format

Maße des Einbands: 12,0×16,5 cm
Papiermaße: 8,6×14,5 cm

und im großzügigen
A5-Format

Maße des Einbands: 19,5×23,5 cm

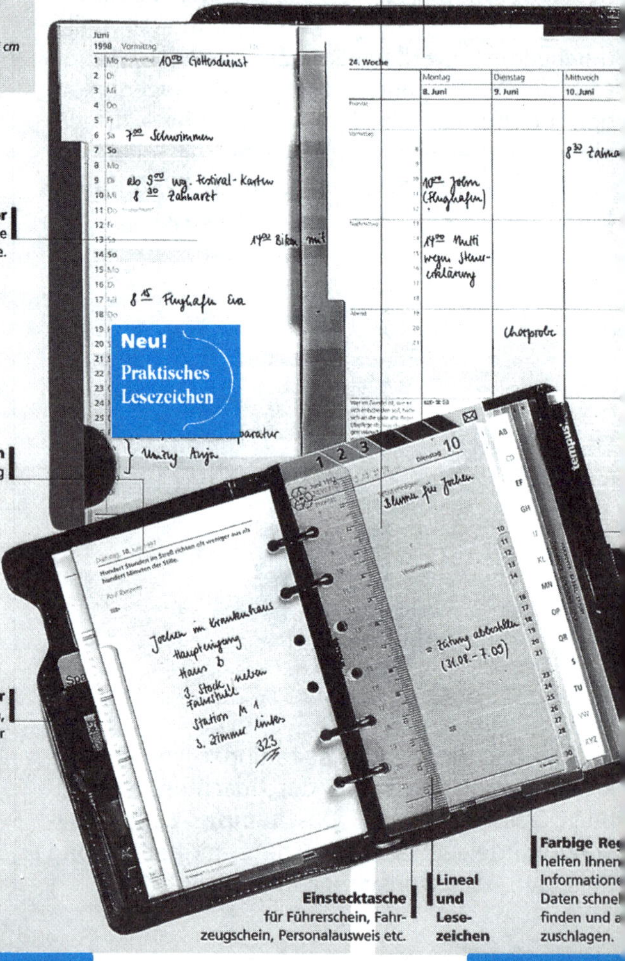

Wochenpläne (tempus. 52)
Die Woche im Überblick

Databank
Hier stellen Sie sich Ihre
persönliche Databank
zusammen

Tagespläne (tempus. 365/2)
Viel Platz für die Planung des Tages

Mehrjahreskalender
Mit einem Griff haben Sie
Überblick über Ihre Termine.

Neu!
Praktisches
Lesezeichen

Motivation
Gedanken für den Tag

Fächer
für Scheckkarten,
Visitenkarten und Rechner

Farbige Reg
helfen Ihnen
Informatione
Daten schnell
finden und a
zuschlagen.

Einstecktasche
für Führerschein, Fahr-
zeugschein, Personalausweis etc.

Lineal
und
Lese-
zeichen

Termine

heute

„fix und fertig":

Formulare
Wählen Sie die für Sie passenden aus

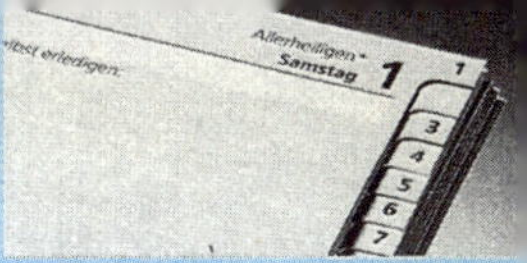

Notizpapier
ist immer griffbereit

Infoblätter
Mehr als 90 Seiten mit Informationen

Adreßverzeichnis
Mit A-Z-Register für Adressen, Telefon- und Faxnummern

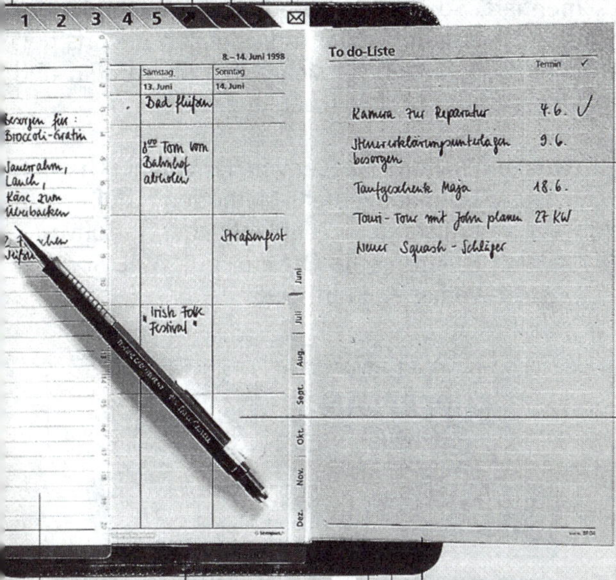

Geburtstagskalender

| 1 | 2 | 3 | 4 | 5 | | ☒ |

8.–14. Juni 1998

| Samstag | Sonntag |
| 13. Juni | 14. Juni |

Bad fliesen

8⁰⁰ Tom vom Bahnhof abholen

Strassenfest

Irish Folk Festival •

Besorgen für:
Broccoli-Gratin

Sauerrahm,
Lauch,
Käse zum
überbacken

To do-Liste

Termin ✓

Kamera zur Reparatur · · · · · 4.6. ✓

Steuererklärungsunterlagen · · 9.6.
besorgen

Taufgeschenke Maja · · · · · · · 18.6.

Town-Tour mit John planen · · · 27. KW

Neuer Squash-Schläger

To do-Liste
Alle wichtigen, terminungebundenen Aufgaben bleiben im Überblick.

Spezieller Druckbleistift
mit extra großem Radiergummi

Beschriftbares „heute"-Lineal
Alle To do's sind ständig im Blick.

Klarsichthüllen
für Visitenkarten, Briefmarken, Euroschecks ...

tempus.
Die Zeit gestalten.

Vormerkkalender

tempus-Kalendarien
und Formulare sind so gelocht, daß sie auch mit anderen Zeitplansystemen kompatibel sind.

Notizblock
seitlich geleimt

Checkliste
für tägliche, wöchentliche, monatliche und jährliche Vorgänge.

Hochwertige Ringmechanik

to do

Katalog: Zeitplanbücher im Überblick

Zeitplan-systeme und -Software

In der bisher umfassendsten Gesamtübersicht im deutschsprachigen Raum werden alle wichtigen **Zeitplanbuch-Systeme** nach einheitlichem Raster vorgestellt und abgebildet (vgl. Tabelle S. 90–91). Darüber hinaus sind erstmals die wichtigsten Angebote über Zeitmanagement-Software dokumentiert. So kann der potentielle Anwender vor dem Hintergrund seines individuellen Bedarfs den konkreten Nutzen für sich selbst überprüfen und eine bessere Kaufentscheidung fällen.

(Quelle: W. Roth/L.J. Seiwert/H. Wagner (Hrsg.): Zeitmanagement-Methoden auf dem Prüfstand. Zeitplanbücher, Software, Elektronische Organizer. 4. Aufl. Springe: Verlag W. Roth 1996)

Gesparte Zeit ist wie gespartes Geld

Be„nutzen" Sie ein **Zeitplanbuch** – es ist das wichtigste Arbeitsmittel Ihres persönlichen **Zeit-management:**

Aktionsplan

Welche Vorteile hat ein „Management by Zeitplanbuch" gegenüber Ihren bisherigen Kalendern?
Was können Sie ab heute tun, um Ihren Tagesablauf durch ein Zeitplanbuch besser zu organisieren?

Zeitplanbücher im Überblick

Haupt-Kriterien / Zeitplanbuch (1)	Format WT=Westentaschen Midi=mittel	Organisat. Mindestvoraussetzung	Benutzerfreundlichkeit	Betriebsanleitung	Methodische Basis	Design	Preise K=KuLe ab L=Leder ab	Gesamt-Urteil
1. Organizer/Filofax								
1 bind-System	A5	sehr gut	zufriedenst.		mangelhaft	gut	L101	☺
2 Day-Runner	A5	sehr gut	zufriedenst.	zufriedenst.	zufriedenst.	zufriedenst.	L426	☺
3 Filofax-Professional	A5	sehr gut	zufriedenst.		zufriedenst.	zufriedenst.	K250/L342	☺
4 Filofax-Personal	WT+Midi	sehr gut	zufriedenst.		mangelhaft	gut	L98/L625	☺
5 herlitz-„Magnum"	A5	sehr gut	zufriedenst.		zufriedenst.	gut	K79/L139	☺
6 herlitz-„Prestige"	WT+Midi	sehr gut	zufriedenst.		mangelhaft	gut	K36/L79	☺
7 IKEA-family-Timer	Midi	sehr gut	zufriedenst.	mangelhaft	mangelhaft	gut	K22/L79	☺
8 MEMOSET	WT	sehr gut	zufriedenst.	gut	zufriedenst.	gut	K121/L240	☺ ☺
9 microfile	A5/Midi/WT	sehr gut	zufriedenst.	mangelhaft	mangelhaft	gut	L169-590(A5)	☺
10 montemps	A5	gut	zufriedenst.	mangelhaft	zufriedenst.	gut	L169	☺
11 Planascript	WT	mangelhaft	zufriedenst.	zufriedenst.		gut	sfr 76	–
2. „Großmann"-Line								
1 Broelemann TM 2	A 5	sehr gut	gut	sehr gut	sehr gut	sehr gut	K/346/L509	☺ ☺ ☺
2 Clemm/time	WT	sehr gut	zufriedenst.	sehr gut	sehr gut	sehr gut	K134/188	☺ ☺ ☾
3 CollegTiming	A5/WT	sehr gut	gut	sehr gut	sehr gut	sehr gut	K265/L365 (A5)	☺ ☺ ☺
4 Ganzheitl. Methodik	Midi	sehr gut	gut	sehr gut	sehr gut	gut	K110/L179	☺ ☺ ☺
5 HelfRecht-Planer	WT	sehr gut	gut	sehr gut	sehr gut	sehr gut	L222 - 239	☺ ☺ ☺
6 Hirt (2)	WT	sehr gut	gut	mangelhaft	sehr gut	sehr gut	K178/L227	☺ ☺ ☺
7 life-time	WT	sehr gut	zufriedenst.	gut sehr	gut	sehr gut	L189 - 330	☺ ☺ ☾
8 MDS-Planer	A5	sehr gut	gut	sehr gut	sehr gut	gut	K210/L299	☺ ☺ ☺
3. Ausgefeilte Selbstorganisations-Systeme								
1 ajour	A5	sehr gut	gut	sehr gut	sehr gut	sehr gut	K349/2498	☺ ☺ ☺
2 Brunnen-timer	A5/Midi	sehr gut	gut	zufriedenst.	zufriedenst.	gut	K232/L476 (A5)	☺ ☺
3 cgd	A7+5/Midi	sehr gut	zufriedenst.	sehr gut	zufriedenst.	sehr gut	K19(A7)L55	☺ ☾
4 dispotech	A5	sehr gut	gut	sehr gut	sehr gut	sehr gut	K139/L354	☺ ☺ ☺
5 ibau (Architek., Bau)	A5	sehr gut	zufriedenst.	zufriedenst.	zufriedenst.	gut	K244/L397	☺ ☺
6 ICUS-timer	A5	sehr gut	gut	gut	gut	sehr gut	K115/L210	☺ ☺ ☾
7 Kiendl-Kompakt	Midi	sehr gut	gut	mangelhaft	gut	sehr gut	K199/L299	☺ ☺
8 Motiplaner	A5	sehr gut	gut	sehr gut	sehr gut	gut	K298/L404	☺ ☺
9 MEGA-timer	A5/Midi	sehr gut	gut	gut	gut	sehr gut	K249/L399 (A5)	☺ ☺
10 Nehemia	A5/WT	sehr gut	gut	sehr gut	sehr gut	sehr gut	K108/L426(A5)	☺ ☺ ☺
11 NOVO-Plan-Guide	A5	sehr gut	gut	gut	sehr gut	sehr gut	K225/L325	☺ ☺ ☾
12 orgatime (3)	A5	sehr gut	zufriedenst.		zufriedenst.	sehr gut	K262/L332	☺
13 ORG-Rat	A5/WT	sehr gut	gut	zufriedenst.	gut	gut	K78/L137(A5)	☺ ☺ ☾
14 Planning Manager	A4	zufriedenst.	mangelhaft	zufriedenst.	zufriedenst.	zufriedenst.	K140/L270	☺
15 Primo Dater	A5/Midi	sehr gut	gut	gut	gut	gut	L249/359	☺ ☺
16 Professional Timer	Midi	sehr gut	gut	zufriedenst.	zufriedenst.	gut	K152/L198	☺ ☺
17 Rühle Zeitmanager	WT	sehr gut	gut	sehr gut	zufriedenst.	gut	L170	☺ ☺
18 S-Planer	A-5/Midi	sehr gut	gut	gut	sehr gut	gut	K136/L223(A5)	☺ ☺ ☾
19 Schäfer-Shop-Zeitpl.	A5	sehr gut	gut	gut	gut	gut	L227	☺ ☺
20 Sekretariats-Timer	A5	sehr gut			gut	sehr gut	L238-345	☺ ☺
21 Success-man. office	A7+5/WT/Midi	sehr gut	gut	zufriedenst.	zufriedenst.	gut	K114/L169	☺ ☺
22 tempus	A5/WT	sehr gut	gut	sehr gut	sehr gut	sehr gut	K229/L339(A5)	☺ ☺ ☺

Haupt-Kriterien Zeitplanbuch (1)	Format WT=Westentaschen Midi=mittel	Organisat. Mindest-Voraussetzung	Benutzer-freundlichkeit	Betriebs-anleitung	Metho-dische Basis	Design	Preise K=KuLe ab L=Leder ab	Gesamt-Urteil
23 terminic-time-controll.	A5	sehr gut	gut	gut	gut	sehr gut	K150/L169	☺ ☺ €
24 terminic date timer	Midi+WT	sehr gut	gut	zufriedenst.	gut	sehr gut	L199/316	☺ ☺
25 Time/system-Compact Data Planner (4)	Midi	gut	gut	gut	gut	sehr gut	K32KB=431 L592	☺ ☺
26 VA-Zeitplaner	A5	zufriedenst.	zufriedenst.	zufriedenst.		gut	L222	☺
27 visioplan	A5	sehr gut	gut	sehr gut	sehr gut	sehr gut	L408	☺ ☺ ☺
28 WEKA-Pocket	A5	sehr gut	zufriedenst.		zufriedenst.	gut	K39/L147	☺
29 wintimer	A5	sehr gut	zufriedenst.	zufriedenst.	sehr gut	zufriedenst.	K243/L327	☺ ☺ €
30 Zeitpilot	A5	sehr gut	zufriedenst.	zufriedenst.	gut	gut	K257/L421	☺ ☺
31 zeit + plan managem.	A5	sehr gut	gut	sehr gut	sehr gut	sehr gut	L338 - 525	☺ ☺ ☺

4. MbO-Line „Management by Objectives"

1 kfz-betrieb Managem.	A5	sehr gut	gut	sehr gut	gut	sehr gut	K308/L453	☺ ☺
2 MZ-Manager	A5/Midi	sehr gut	gut	sehr gut	sehr gut	sehr gut	K313/L461(A5)	☺ ☺ ☺
3 Persönl. Assistent	A5	sehr gut	gut	sehr gut	gut	sehr gut	L368-540	☺ ☺ €
4 System-Zeitplaner	WT	gut	gut	zufriedenst.	zufriedenst.	gut	L98	☺
5 Time Manager (TMI)	WT/Midi/WT	sehr gut	gut	sehr gut	sehr gut	sehr gut	K316/L684(A5)	☺ ☺ ☺
6 Time/system	A5/WT	sehr gut	gut	sehr gut	sehr gut	sehr gut	K342/L595(A5)	☺ ☺ ☺
7 Tycoon-Zeitplanung	A5	gut	zufriedenst.	gut	sehr gut	sehr gut	K289/L564	☺ ☺ ☺

5. Löhn-Methode

1 Biene-Plan	A5	sehr gut	gut	gut	sehr gut	sehr gut	L366	☺ ☺
2 Dato-System	A5	sehr gut	gut	gut	sehr gut	sehr gut	K298/L446	☺ ☺ ☺
3 Löhn-Methode	WT	sehr gut	gut	sehr gut	sehr gut	sehr gut	L216	☺ ☺ ☺
4 Standard-Zeitplaner	A5/WT	gut	zufriedenst.	sehr gut	gut	gut	K98/L248(A5)	☺ ☺

6. Kalender/Leder-Designer

1 COACH	Midi	gut	mangelhaft		mangelhaft	gut	L598	–
2 Davidoff	Midi	gut	zufriedenst.		mangelhaft	gut	L356	☺
3 mano Zeitplanung	A5	sehr gut	zufriedenst.	mangelhaft	mangelhaft	gut	K95/L146	☺

7. Kartenorientierte Methoden

1 TIMECARD (5)	WT/A4	mangelhaft	gut	gut	gut	sehr gut	L498sfr	☺ €

1 Die ausführliche Übersicht zeigt 8 Hauptkriterien mit 82 Unterkriterien und Erläuterungen. Wir raten, einen Kaufentscheid erst nach Durchsicht der ausführlichen Übersicht vorzunehmen, weil Sie sich dann ein Bild von der Vielfalt der Möglichkeiten machen können. Es kann sein, daß für Sie nicht allein das Gesamt-Urteil zählt, sondern ein anderes für **Sie** wichtiges Detail.

2 Hirt-ZPB wird nicht einzeln verkauft, sondern ist Bestandteil eines umfassenden Fernlehrgangs, der gewissermaßen die „große Betriebsanleitung" darstellt. Der angegebene Preis gilt für ZPB-Nachbestellungen, der eine Kurz-Broschüre beiliegt. Sie könnte aussagekräftiger sein, denn das Know-how ist vorhanden.

3 Noch kein voll ausgebautes ZPB, sondern ein Arbeitsbuch für Handwerker mit vielen Spezialformularen.

4 Hier handelt es sich um die verkleinerte und leicht „abgespeckte" Version des bekannten DIN-A5-ZPB von Time/system. In einer eigenen Hülle ist der elektronische Organizer von Texas Instruments IS-8200 mit eigenen Time/system-Bedienungselementen integriert. Der Organizer kann nach links ausgeklappt werden, so daß man ungehindert mit den Formularen arbeiten kann.

5 Kein Ringbuch, sondern DIN-A6-Kalender mit DIN-A4-Schreibmappe, die nur gemeinsam als System funktionieren.

Quelle und nähere Informationen über jedes Zeitplanbuch: Roth/Seiwert/Wagner (Hrsg.), Zeitmanagement-Methoden auf dem Prüfstand. Zeitplanbücher, Software, Elektronische Organizer. 4. Aufl. Springe: Verlag W. Roth 1996

Bleiben Sie konse-
quent

„Alle Dinge sind schwer, bevor sie leicht werden."

(Persisches Sprichwort)

Vorteile und Nutzen des Zeitmanagement

Ein konsequentes **Zeitmanagement** hat viele Vorteile:

Was wollen Sie davon erreichen?	X
• Bessere Einstimmung auf den nächsten Arbeitstag • Planung des bevorstehenden Tages • Überblick und Klarheit über dieTagesanforderungen • Ordnung Ihres Tagesablaufes • Ausschaltung von Vergeßlichkeit	
• Konzentration auf das Wesentliche • Reduzierung von Verzettelung • Erreichung der Tagesziele • Unterscheidung zwischen wichtigen und weniger wichtigen Vorgängen • Entscheidung über Prioritätensetzung und Delegation	
• Rationalisierung durch Aufgabenbündelung • Abbau und Handhabung von Störungen und Unterbrechungen • Selbstdisziplin in der Aufgabenerledigung • Abbau von Streß und Nervenverschleiß • Gelassenheit bei unvorhergesehenen Ereignissen	
• Verbesserung der Selbstkontrolle • Positives Erfolgserlebnis am Tagesende • Erhöhung von Zufriedenheit und Motivation • Steigerung der persönlichen Leistungsfähigkeit • und vor allem: Zeitgewinn durch methodisches Arbeiten („Goldene Stunde")	

Zeitmanagement = Zeitgewinn

*Anwen-
dung*
Um den letzten, vielleicht wichtigsten Aspekt noch
einmal aufzugreifen:

Zeitgewinn
*Bei erfolgreicher Anwendung von Zeitplantechni-
ken und Arbeitsmethoden können Sie zwischen 10
und 20% Zeit einsparen – jeden Tag!*

Zusammenfassung

Die wichtigsten Prinzipien veranschaulicht die
nachfolgende Graphik:

*Zeitmana-
gement-
Prinzipien*

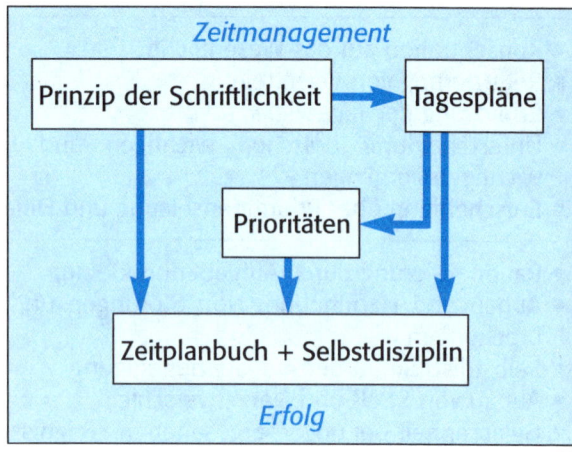

94

Konsequentes Zeitmanagement – optimistisches Lebensgefühl

Ein **konsequentes Zeitmanagement** auf der Basis der abgebildeten Prinzipien wird nicht nur eine deutliche Verbesserung von **Übersicht, Planung und Kontrolle** bewirken, sondern zusätzlich zum Abbau von Hektik und Streß – und damit zu einem positiven, optimistischen Lebensgefühl beitragen.

Zeitmanagement bringt Erfolg

Dies wird mit einem verblüffend einfachen Mittel und bei geringstem Zeitaufwand von ca. **8 Minuten täglich** erreicht:

8 Minuten täglich

Gewöhnen Sie sich an, den kommenden Arbeitstag **schriftlich** bereits am Ende des aktuellen Arbeitstages zu planen. Visualisieren Sie den **Ablauf des Folgetages!**

am Abend den Folgetag planen

Überlegen Sie also, welches die **wichtigsten Aufgaben** sind, die Sie am nächsten Tag erledigen müssen. Legen Sie schriftlich eine Zeit fest, in der dies geschehen soll.

Aufgaben schriftlich fixieren

Der psychologische Hintergrund

- Schon auf der Fahrt nach Hause und dem morgendlichen Weg ins Büro verarbeitet Ihr **Unterbewußtsein** diese Aufgaben und hält mögliche Lösungen bereit.

Aktivierung des Unterbewußten

*Strukturie-
rung eines
komplexen
Arbeitsta-
ges*

*weniger
Ablenkung
und Auf-
schieberitis*

- Da Sie nur Ihre Hauptaufgaben vor Augen und Lösungsansätze im Hintergrund sehen, steht Ihnen der **neue, arbeitsreiche Tag** nicht mehr wie eine graue, schwere Last bevor, sondern wird durchsichtig, **plan- und greifbar.**

- Sie lassen sich dann **weniger leicht** durch Nebensächlichkeiten **ablenken,** mit deren Hilfe Sie früher die Hauptaufgaben gern – und immer weiter – vor sich hergeschoben haben, bis sie schließlich nur noch unter Zeitdruck, mit Überstunden und meist weniger befriedigend erledigt werden konnten.

*Lassen Sie
sich nicht
von Neben-
sächlichkei-
ten ablen-
ken.*

Bedenken Sie dabei

Ein arbeitsreicher Tag muß noch lange keinen **„Streß"** bedeuten.

Im Gegenteil: Eine **gut gelöste, schwierige Aufgabe** wird Befriedigung und sogar ein **Gefühl der Erholung** bringen.

Erfolgserlebnis

Streß durch schlechtes Gewissen

Denn **„Streß"** kommt nicht von den Dingen, die wir erledigt haben, sondern von dem, was wir **nicht** bewältigt haben: Was wir nicht schaffen, das schafft uns! Streß ist **schlechtes Gewissen**.

Nicht-Erledigung und schlechtes Gewissen

Konsequenz und Selbstdisziplin

...und nochmals: **Seien und bleiben Sie konsequent**, wenn Sie mit schriftlichen Tagesplänen und Prioritäten arbeiten. Ein Zeitplanbuch erfordert in der Startphase eine gewisse **Selbstdisziplin** wie jeder gute Vorsatz – aber es lohnt sich.

T-U-N!

Ich wünsche Ihnen **mehr Zeit** und **viel Erfolg!**

Lothar J. Seiwert

Umsetzung in die tägliche Praxis

Maßnahmenplan „1 x 1 des Zeitmanagement"					
• Was erschien Ihnen beim Durcharbeiten dieser Schrift (besonders) **wichtig?**					
• Was haben Sie an neuen **Erkenntnissen** gewonnen?					
• Was haben Sie **bestätigt** gefunden?					
• Was wollen Sie eingehender **bearbeiten?**					
• Was wollen Sie **umsetzen?**					
Aktivität auf Buch Seite(n)	Priorität			Was (Gedanke, Methode, Thema etc.) ?	Erledigt bis	Kontrolle OK
	A	B	C			

Aktivität auf Buch Seite(n)	Priorität			Was (Gedanke, Methode, Thema etc.) ?	Erledigt bis	Kontrolle OK
	A	B	C			

Literatur

Bücher

- **Ederer, Günter** und **Seiwert, Lothar J.:** DAS MÄRCHEN VOM KÖNIG KUNDE. Das 1x1 der Kundenorientierung. Service in Deutschland – Wüste oder Oase? Das Strategie-Buch für kundenorientierte Unternehmen. 2. Aufl. Offenbach: GABAL 1998

- **Friedrich, Kerstin** und **Seiwert, Lothar J.:** DAS 1X1 DER ERFOLGSSTRATEGIE. Der sichere Weg zu konkurrenzlosen Spitzenleistungen. 2. Aufl. Landsberg am Lech: mvg-verlag 1998

- **Geffroy, Edgar K.** und **Seiwert, Lothar J.:** ZEITMANAGEMENT FÜR VERKÄUFER – Mehr Zeit für Verkaufserfolge. Die 1-Seiten-Methode. Landsberg am Lech: mvg-verlag 1996

- **Graichen, Winfried U.** und **Seiwert, Lothar J.:** DAS ABC DER ARBEITSFREUDE. Techniken, Tips und Tricks für Vielbeschäftigte. 3. Aufl. Landsberg am Lech: mvg-verlag 1995

- **Klose, Michael, Seiwert, Lothar J.** und **Graichen, Winfried U.:** VERKAUFEN SIE SICH EINFACH AN DIE SPITZE. Erfolgsgesetze, Verkaufsgespräche, Zeitmanagement. 2. Aufl. Landsberg am Lech: mvg-verlag 1996

- **Müller-Klement, Georg K.** und **Seiwert, Lothar J.:** ZIELWIRKSAM ARBEITEN – Technik, Methodik und Praxis des persönlichen Zeitmanagement. 11. Aufl. Ehningen: Expert 1997

- **Roth, Werner, Seiwert, Lothar J.** und **Wagner, Hardy** (Hrsg.): ZEITMANAGEMENT-METHODEN AUF DEM PRÜFSTAND. Zeitplanbücher, Software, Elektronischer Organizer. 4. Aufl. Springe: Verlag W. Roth 1996

- **Seiwert, Lothar J.:** MEHR ZEIT FÜR DAS WESENTLICHE. Besseres Zeitmanagement mit der SEIWERT-Methode. 3. Aufl. Landsberg am Lech: mvg-verlag 1997

- **Seiwert, Lothar J.**: SELBSTMANAGEMENT. Persönlicher Erfolg, Zielbewußtsein, Zukunftsgestaltung, Landsberg am Lech: mvg-verlag 1996

- **Seiwert, Lothar J.**: WENN DU ES EILIG HAST, GEHE LANGSAM. Das neue Zeitmanagement in einer beschleunigten Welt. Sieben Schritte zur Zeitsouveränität und Effektivität. Frankfurt und New York: Campus 1998

- **Seiwert, Lothar J.** und **Buschbell, Hans:** ZEITMANAGEMENT FÜR RECHTSANWÄLTE. Mehr Erfolg und Lebensqualität. 3. Aufl. Bonn: Deutscher Anwaltverlag 1998

- **Seiwert, Lothar J.** und **Gay, Friedbert:** DAS 1X1 DER PERSÖN-LICHKEIT. Sich und andere besser verstehen, beruflich und privat das „Beste" erreichen, das DISG-Persönlichkeits-Modell anwenden. 4. Aufl. Offenbach: GABAL 1998

- **Seiwert, Lothar J.** und **Kammerer, Doro**: ENDLICH ZEIT FÜR MICH! Wie Frauen mit Zeitmanagement Arbeit und Privatleben unter einen Hut bringen. Landsberg am Lech: mvg-verlag 1998

Audio-Cassetten

(alle zu beziehen über: SEIWERT-INSTITUT, D-69124 Heidelberg, Fon: +49-62 21-78 77-0, Fax: +49-62 21-78 77-22, E-mail: info@seiwert.de, I-net: www.seiwert.de)

- **Graichen, Winfried U., Seiwert, Lothar J.** und **Fuchs, H.:** GANZ-HEITLICHES ZEITMANAGEMENT. Mehr Lebens- und Arbeitsfreude. 2. Aufl. Landsberg am Lech: mvg-verlag 1992

- **Seiwert, Lothar J.:** EFFEKTIVES SELBSTMANAGEMENT **(Talk-Cassette).** Frankfurt: Koschwitz Media 1997

- **Seiwert, Lothar J.:** MEHR ZEIT FÜR DAS WESENTLICHE. Der Zeitmanagement-Klassiker. Landsberg am Lech: mvg-verlag 1993

- **Seiwert, Lothar J.:** MANAGING YOUR TIME. Zeitmanagement-Training auf Englisch. Landsberg am Lech: mvg-verlag 1994

- **Seiwert, Lothar J.** und **Koschwitz, Thomas:** ERFOLGSSTRATEGIE IM GESPRÄCH. Wie werden Sie Nr. 1 **(Talk-Cassette).** Frankfurt: Radio 01, 1994/95

Video-Cassette

- **Seiwert, Lothar J.**: MEHR ZEIT FÜR DAS WESENTLICHE. Video mit Begleitheft und Trainingsplan. 6. Aufl. Landsberg: Moderne Industrie (mi-Video) 1998

Software

- **Seiwert, Lothar J.:** TIME WINNER. Mehr Zeit für das Wesentliche. Interaktive Lernsoftware mit Spielen. Landsberg: Moderne Industrie (mi-Software) 1994

Zeitmanagement-Test

- **Seiwert, Lothar J.** (Hrsg.): DISG-Zeitmanagement-Profil „TIME MASTERY". Arbeitsheft mit Zeitmanagement-Test (Lesen und Rubbeln). 3. Aufl. Remchingen und Offenbach: DISG-Training und GABAL/Jünger 1998

Think-Spiel

- **Seiwert, Lothar J.** und **Kramer, Wolfgang:** TIME MASTER (Arbeitstitel). Ravensburg: Ravensburger (Think-Spiele) 1999

102

Stichwortverzeichnis

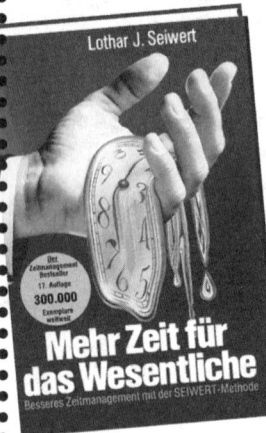

Notizen

Notizen

tempus. Zeitplansysteme

AUFBRUCH ZUR GELASSENHEIT ...

tempus-Zeitplansysteme
Postfach 14 20 06
D-89529 Giengen

Tel. 0 18 05 / 25 01 10
Fax 0 73 22 / 95 02 19
Internet http://www.tempus.de

tempus. Top-Collection

Unsere Top-Collection:
Exklusive Meisterstücke aus Leder.
In deutschen Werkstätten handge-
fertigt, in Design und Verarbeitung
Spitzenklasse. Auf Wunsch mit
Namensprägung.

WORLD CALENDAR AWARDS

1995
1996
1997
1998

1996 SEHR GUT

100% Zufriedenheits-Garantie

impulse

„Das bestgeführte Klein-
unternehmen: tempus"

1999

Absender

Telefon

SEIWERT / INSTITUT

STRATEGIE UND TIME MANAGEMENT

Die Zeit läuft.

Wenn nicht jetzt, wann dann?

Mit Prof. Seiwert und seinem Experten-
team können Sie Ihr Wissen über Time
Management über die Lektüre dieses
Buches hinaus vertiefen. Durch persönliches Training und effizientes Coaching
lernen Sie ganz konzentriert, wie Sie
mehr Zeit für das Wesentliche finden.
Wir informieren Sie gerne.

Wenn nicht so, wie denn?

Sprechen Sie unverbindlich mit uns, und
lassen Sie sich kostenlose Informationen
schicken über:
☐ Motivations-Vorträge im Dialog mit
   Prof. Seiwert in Ihrem Unternehmen
   oder auf Ihren Tagungen
☐ Firmeninterne Time Management-
   Seminare
☐ Öffentliche Time Management-
   Seminare – Ihr Kompaktwissen für
   die Umsetzung in der täglichen
   Praxis
☐ Zeitmanagement-Bücher, -Audio,
   -Video, -Software, -Tests (u.a. Time
   Mastery), -Think-Spiel

Nutzen Sie die Zeit!

Kopieren Sie einfach diese Seite, und
faxen oder schicken Sie uns Ihre
Wünsche. Oder rufen Sie uns an.

Mit der Zeit kommt auch der Erfolg!

Wir informieren Sie auch gerne
unverbindlich und senden kostenlose Informationen über:
☐ Seminare zur EKS-Strategie,
   dem sicheren Weg zu konkurrenzlosen Spitzenleistungen

Name	Vorname
Firma	Abteilung
Straße/Postfach	PLZ/Ort
Telefon	Fax

SEIWERT GMBH · ADOLF-RAUSCH-STR. 7 · D-69124 HEIDELBERG
FON: 0 62 21/78 77-0 · FAX: 0 62 21/78 77 22
E-MAIL: INFO@SEIWERT.DE · INTERNET: WWW.SEIWERT.DE